उद्योग 4.0

उद्योग 4.0

डॉ. सुनील कुमार शर्मा

वाणी प्रकाशन

सजिल्द प्रथम संस्करण : 2023

वाणी प्रकाशन

4695, 21-ए, दरियागंज, नयी दिल्ली 110 002

फ़ोन : +91 11 23273167 फ़ैक्स : +91 11 23275710

शाखाएँ

अशोक राजपथ, पटना 800 004, बिहार

कॉफ़ी हाउस कैम्पस, महात्मा गांधी मार्ग, इलाहाबाद 211 001, उत्तर प्रदेश

महात्मा गांधी अन्तरराष्ट्रीय हिन्दी विश्वविद्यालय, वर्धा 442 001, महाराष्ट्र

36/ए, शेक्सपीयर सरणी, रानी बिरला गर्ल्स कॉलेज के पास, कोलकाता 700 017, प. बंगाल

www.vaniprakashan.com
marketing@vaniprakashan.in
sales@vaniprakashan.in

Udyog 4.0
by Dr. Sunil Kumar Sharma

ISBN : 978-93-5775-015-8
Business/Self-Help

मूल्य : ₹ 225

आर. टेक ऑफ़सेट प्रिंटर्स, दिल्ली-110 032 में मुद्रित

वाणी प्रकाशन का लोगो मक़बूल फ़िदा हुसेन की कूची से

समर्पण

भविष्य के लिए

प्रस्तावना

उद्योग 4.0 चौथी औद्योगिक क्रान्ति को सन्दर्भित करता है। पहली तीन औद्योगिक क्रान्तियों में से प्रत्येक ने आर्थिक गतिविधियों की प्रभावशीलता और श्रम दक्षता में वृद्धि की तथा सामाजिक एवं आर्थिक स्थितियों में बदलाव लाया। अब चौथी औद्योगिक क्रान्ति, तीसरी औद्योगिक क्रान्ति के दौरान उत्पन्न हुई डिजिटल प्रौद्योगिकियों का बड़े पैमाने पर उपयोग कर संस्थानों, उद्योगों, व्यापारिक संगठनों और अर्थव्यवस्था को प्रभावित कर रही है इसमें प्रौद्योगिकियों के संलयन से भौतिक, डिजिटल और जैविक क्षेत्रों के बीच का विभाजन धीरे-धीरे मिट रहा है। उद्योग 4.0 आज की परिस्थितियों और ज़रूरतों के सन्दर्भ में औद्योगिक क्षेत्र की चुनौतियों का समाधान खोजने में मदद करेगा। इसके अन्तर्गत, विनिर्माण प्रणाली को कुशल बनाने के लिए औद्योगिक इंटरनेट ऑफ़ थिंग्स के साथ ऐसी उन्नत तकनीकों का अनुप्रयोग किया जाता है जो एक-दूसरे के साथ इंटीग्रेटेड हैं। इन तकनीकों में सिमुलेशन, ऑटोनोमस रोबोट, आर्टिफिशियल इंटेलिजेंस, विनियोजक विनिर्माण, आभासी और वैकल्पिक वास्तविकता की प्रौद्योगिकियाँ, बिग डेटा प्रोसेसिंग के प्रबन्धन के लिए प्रौद्योगिकियों का उपयोग शामिल हैं। यह सूचना और जानकारी का संचार एवं उपयोग करते हुए भौतिक दुनिया में कार्यप्रणालियों को स्व-संगठित, आत्म जागरूक और स्वायत्त बनाने में सक्षम हैं। विभिन्न देशों में उद्योग 4.0 की अवधारणाओं को उद्योगों के पुनरोद्धार, आर्थिक विकास और जीवन की गुणवत्ता में सुधार लाने के समुचित उपयोग

के लिए प्रयास किये जा रहे हैं। आधुनिक डिजिटल प्रौद्योगिकियों पर अनुसन्धान एवं विकास कार्य अब भी प्रगति पर है। आज चल रहे इन मूलभूत तकनीकी परिवर्तनों के साथ, हमारे पास चौथी औद्योगिक क्रान्ति को समावेशी और मानव-केन्द्रित होने के लिए सक्रिय रूप से आकार देने का अवसर है।

साइबर फिजिकल सिस्टम, आईओटी (आईओटी) और आर्टिफिशियल इंटेलिजेंस अपनी नेटवर्किंग और कम्प्यूटेशनल क्षमताओं के माध्यम से कई नवीन कार्यात्मकताओं को सुगम और सक्षम बनाकर औद्योगिक जगत और सामाजिक जीवन को प्रभावित कर रही हैं। साथ-साथ यह अर्थव्यवस्था के उच्च तकनीकी क्षेत्रों के सघन विकास को प्रोत्साहित भी कर रही है लेकिन उद्योग 4.0 को साइबर-भौतिक प्रणालियों की सुरक्षा, नियन्त्रण और रख-रखाव के साथ-साथ मनुष्यों के साथ समन्वय को बढ़ाने के सन्दर्भ में नये दृष्टिकोणों की आवश्यकता है। इस पुस्तक में उद्योग 4.0 की अवधारणाओं, उत्प्रेरक तत्त्व और मुख्य स्तम्भों एवं उनकी उपयोगिता के बारे में समझ को समृद्ध और विस्तृत करने का प्रयास किया है। वर्तमान परिदृश्य के साथ उद्योग 4.0 के अनुप्रयोग सम्बन्धी सुझाव भी दिये गये हैं। उन तरीक़ों के बारे में भी जानकारी प्रदान की गयी है जिनका उपयोग औद्योगिक प्रक्रियाओं में उद्योग 4.0 अवधारणाओं को लागू करने के लिए किया जा सकता है। उम्मीद है कि इस प्रयास से उद्योग 4.0 के समुचित उपयोग के विषय में शिक्षाविदों, नीति निर्माताओं और शोधकर्ताओं को मदद मिलेगी।

—डॉ. सुनील कुमार शर्मा

अनुक्रम

औद्योगिक
क्रांति 4.0

औद्योगिक क्रान्तियाँ और उद्योग 4.0

उद्योग 4.0 तकनीकी क्रान्ति के एक नये युग के आगमन का प्रतीक है। यह तकनीकी क्रान्ति जिसे चौथी औद्योगिक क्रान्ति भी कहा जाता है विश्व को बहुत तेज़ी से परिवर्तित कर रही है। यह परिवर्तन बहुत-सी दिशाओं और कई तलों पर घटित हो रहे हैं। विशेषज्ञों के अनुसार चौथी औद्योगिक क्रान्ति का प्रभाव हमारे जीने, सोचने और काम करने के तरीक़ों पर भी पड़ेगा। वर्तमान में, आईओटी, बिग डेटा और आर्टिफिशियल इंटेलिजेंस पर आधारित नवाचार पहले से कहीं अधिक तेज़ी से और प्रभावशाली ढंग से औद्योगिक क्षेत्रों और दैनिक जीवन को प्रभावित कर रहे हैं। ऐसा बताया जा रहा है कि चौथी औद्योगिक क्रान्ति क्रिएटिव (रचनात्मक) रूप से भी अर्थव्यवस्थाओं को बदल रही है। यह क्रान्ति, व्यापार के नये मॉडल और स्थानीय सामग्री उत्पादन और उसके लिए बाज़ार तथा आर्थिक विकास के नये अवसर भी पैदा कर रही है। इसके अतिरिक्त व्यक्तिगत रचनात्मकता, कौशल और प्रतिभा से सम्बन्धित आर्थिक और व्यापारिक प्रणालियाँ आज उपभोक्ता लाभ, अधिक धन अर्जन के साथ व्यापारिक विस्तार और अन्तर्राष्ट्रीय (क्रॉस बॉर्डर) व्यापार को भी बढ़ावा दे सकती है।

पहली औद्योगिक क्रान्ति 18वीं शताब्दी के अन्त से 19वीं सदी के प्रारम्भ में शुरू हुई। इस क्रान्ति में सबसे बड़ा परिवर्तन मशीनीकरण के रूप में हुआ। पानी और भाप की शक्ति का उपयोग उत्पादन को यन्त्रीकृत करने के लिए किया गया जिससे कोयला, लोहा, रेलमार्ग और

वस्त्र उद्योग का विस्तार हुआ। भाप के इंजनों ने कारख़ानों में बिज़ली का उत्पादन करना सम्भव बना दिया। इसके अतिरिक्त मशीन टूल्स का बड़े पैमाने पर उत्पादन प्रारम्भ हो गया जिससे लोगों ने ये देखा कि मशीन अब उनके द्वारा किये गये कार्यों को सम्पादित कर सकती है। भाप से चलने वाले इंजनों और अन्य प्रकार के मशीन टूल्स के उपयोग के माध्यम से श्रम के अधिक अनुकूलित रूप में विनिर्माण विकसित हुआ परिणामस्वरूप उद्योग क्षेत्र कृषि को सामाजिक अर्थव्यवस्था की रीढ़ के रूप में प्रतिस्थापित करने लगा।

पहली औद्योगिक क्रान्ति के लगभग एक सदी बाद, दूसरी औद्योगिक क्रान्ति में बिजली, रासायनिक, पेट्रोलियम और इस्पात उद्योगों का बड़े पैमाने पर विकास हुआ। इस दौरान इंटरनल कमवश्चन इंजन (आन्तरिक दहन इंजन) का निर्माण हुआ। साथ-साथ स्टील की माँग का विकास, रासायनिक संश्लेषण तथा टेलीग्राफ़ और टेलीफ़ोन जैसे संचार के नये तरीक़े भी विकसित हुए, परिणामस्वरूप ऊर्जा के नये स्रोत— बिजली, गैस और तेल का उद्‌भव भी हुआ। दरअसल, ऑटोमोबाइल और विमान के आविष्कार के चलते दूसरी औद्योगिक क्रान्ति को विकास की प्रक्रिया में एक महत्त्वपूर्ण मील का पत्थर माना जाता है।

तीसरी औद्योगिक क्रान्ति में इलेक्ट्रॉनिक्स, दूरसंचार, कम्प्यूटर और सूचना प्रौद्योगिकियों का विकास हुआ। उत्पादन को स्वचालित करने के लिए इलेक्ट्रॉनिक्स और सूचना प्रौद्योगिकी का इस्तेमाल किया गया। इस समय प्रोग्रामेबल लॉजिक कंट्रोलर (पीएलसी) और रोबोट भी विकसित हुए जिन्होंने बाद में औद्योगिक जगत में उच्च-स्तरीय स्वचालित करने में मदद की। ऐसा माना जाता है इस समय हुए तकनीकी विकास अन्तरिक्ष अभियानों, अनुसन्धान, नैनो-प्रौद्योगिकी और जैव-प्रौद्योगिकी के द्वार खोलने में सहायक सिद्ध हुए। यह कहा जाता है कि जब नयी ऊर्जा व्यवस्था, नयी प्रौद्योगिकियों का अभिसरण करती है तो अर्थव्यवस्था में

भी मौलिक परिवर्तन आते हैं। इस सन्दर्भ में तीसरी क्रान्ति का उल्लेख सेवा-आधारित व्यापारिक प्रणालियों का अर्थव्यवस्था के मुख्य प्रेरक तत्त्व के रूप में विकसित होने में किया जाता है।

चित्र-1 : औद्योगिक क्रान्तियाँ और उनके प्रभाव

अब चौथी औद्योगिक क्रान्ति डिजिटल क्रान्ति के रूप में आमूलचूल परिवर्तन कर रही है। चारों तकनीकी क्रान्तियों और उनके प्रभावों को चित्र-1 में दर्शाया गया है। चौथी क्रान्ति अपने वेग, पैमाने, प्रभाव के दायरे और जटिलता की वजह से पिछली सभी क्रान्तियों से भिन्न है। वर्तमान सफलताओं की गति एक रेखीय गति न होकर एक्सपोनेंसिअल रूप में विकसित हो रही है। चौथी औद्योगिक क्रान्ति के चलते औद्योगिक क्षेत्र में भी क्रान्तिकारी परिवर्तन हुए हैं। इन अहम डिजिटल बदलावों से जनित नयी उद्योग संरचनाओं और परिवर्तनों को उद्योग 4.0 के नाम से भी जाना जा रहा है। इसके साथ यह हर देश में लगभग हर उद्योग को प्रभावित कर रही है। हाल में आये विभिन्न प्रौद्योगिकी बदलावों को निम्नलिखित सार के रूप में प्रस्तुत किया जा सकता है :

- मशीनीकरण और स्वचालन का अधिक व्यापक उपयोग।
- डिजिटलीकरण और उद्योग के भीतर सभी घटकों को जोड़ने वाला नेटवर्क।
- 'क्रान्तिकारी लघुकरण' जो इलेक्ट्रॉनिक्स, परिवहन और लोजिस्टिक्स के साथ व्यापारिक संचालन के महत्त्वपूर्ण पक्षों को प्रभावित कर रहा है।
- प्रासंगिक क्षेत्रों के हर कोने से उन्नत जानकारी को एकत्र करके संश्लेषण करने की क्षमता का विकास।
- उत्पादों और मशीनों के बीच संचार का व्यावहारिक उपयोग करना।

इन प्रौद्योगिकियों से उत्पन्न उपर्युक्त परिवर्तनों का प्रभाव उत्पादन, प्रबन्धन और शासन की सम्पूर्ण प्रणालियों पर भी पड़ता है। वास्तव में, चौथी औद्योगिक क्रान्ति अपने जटिल स्वभाव, त्वरित गति, व्यापक सामाजिक तथा आर्थिक प्रभाव और परिवर्तनकारी एवं वितरित प्रकृति के चलते संस्थाओं से एक नये प्रकार की गवर्नेंस की माँग करती है। इन प्रौद्योगिकियों को डिजिटल नेटवर्क पर निर्मित और उपयोग में लाया जाता है जिसके चलते इन्हें बहुत ही तीव्र गति से बड़े पैमाने पर परिपक्व किया जा सकता है। उद्योग 4.0 सैद्धान्तिक और व्यावहारिक रूप से अभी भी विकसित हो रहा है। इस सन्दर्भ में शोधार्थी उद्योग 4.0 के अन्तर्निहित विभिन्न तकनीकी अवधारणाओं को एकीकृत करने के लिए प्रयासरत हैं। इस पुस्तक में उद्योग 4.0 की अवधारणाओं, मुख्य स्तम्भों और उनके निहितार्थों को सम्मिलित किया गया है। साथ ही साथ यह कैसे विकसित हुआ है और इससे सम्बन्धित हाल में विकसित हुई शब्दावली से भी परिचय कराया गया है। यह उद्यमियों, शोधार्थियों, अकादमीशियन तथा प्रैक्टिशनर के लिए विषयसंगत तथा लाभकारी जानकारी प्रदान करने के उद्देश्य से साझा की गयी है।

उद्योग 4.0 की अवधारणा और मुख्य घटक

'उद्योग 4.0' शब्द चौथी औद्योगिक क्रान्ति को दर्शाता है जो उत्पादों के जीवन चक्र की सम्पूर्ण मूल्य शृंखला को एक नये स्तर पर परिभाषित करता है। इस शब्द की उत्पत्ति जर्मनी की एक उच्च तकनीकी रणनीति वाली परियोजना के दौरान हुई थी। उद्योग 4.0 की विशेषताओं का लाभ उठाते जर्मनी ने अपना ब्रांड बनाते हुए औद्योगिक क्षेत्रों को काफ़ी विकसित किया। दरअसल 'इंडस्ट्री 4.0' शब्द का पहली बार उपयोग 2006 में हुआ था जब जर्मनी ने 'हाई-टेक 2020 रणनीति' शुरू की थी। अप्रैल 2013 में, तीन निजी एसोसिएशन जिसमें सूचना के लिए संघीय संघ, प्रौद्योगिकी, दूरसंचार और न्यू मीडिया एसोसिएशन तथा जर्मन विद्युत और इलेक्ट्रॉनिक मैन्युफैक्चरर्स एसोसिएशन शामिल थे, ने मिलकर 'प्लेटफ़ॉर्म इंडस्ट्री 4.0' बनाया था। उसके पश्चात् इस तकनीकी क्रान्ति ने इसके फ़ायदों के कारण सरकारों, नीति-निर्माताओं और अकादमियों का ध्यान आकृष्ट किया। उदाहरण के लिए जर्मन उद्योग 4.0 योजना के बाद फुजित्सु, मित्सुबिशी इलेक्ट्रिक, पैनासोनिक, और निसान मोटर समेत तीस जापानी कम्पनियों ने 2015 में एक औद्योगिक मूल्य शृंखला पहल शुरू की। इस पहल के द्वारा विनिर्माण और सूचना प्रौद्योगिकियों के साथ औद्योगिक सहयोग को बढ़ाने के लिए शुरू किया है [19]। विभिन्न देशों में उद्योग 4.0 के फ़ायदों को देखते हुए अधिकतर बड़ी अन्तर्राष्ट्रीय कम्पनियों द्वारा इसे बहुत जल्द स्वीकार कर लिया गया। असल में यह विनिर्माण के कम्प्यूटरीकरण का प्रोत्साहन तथा समस्त

समकालीन स्वचालन, डेटा एक्सचेंज तथा विनिर्माण प्रौद्योगिकियों को समाविष्ट करती है। यह उन प्रौद्योगिकियों और उनके साथ एकीकृत मूल्य श्रृंखला संगठन की अवधारणाओं को परिभाषित करने के लिए एक सामूहिक शब्द है।

वांग (2016) के अनुसार उद्योग 4.0 की मुख्य अवधारणा आईओटी सेवाओं का लाभ उठाने के लिए उन्नत सूचना प्रौद्योगिकी का उपयोग करना है। उद्योग 4.0 वैश्विक तथा व्यावसायिक चुनौतियों से निपटने के लिए नवीन सूचना प्रौद्योगिकियों और मशीनों और उपकरणों में हुए विकास का पूरा उपयोग करता है। इसमें इंजीनियरिंग ज्ञान एवं तकनीकी जानकारी को आईओटी सेवाओं के साथ एकीकृत करके उत्पादन को न्यूनतम डाउनटाइम के साथ सुचारु रूप से चलाया एवं त्वरित रूप से बड़े पैमाने पर अनुकूलन करने में सक्षम बनाया जा सकता है। जिसके फलस्वरूप निर्मित उत्पादों की गुणवत्ता बेहतर बनाई जा सकती है तथा नये डिजाइन के उत्पादों का अधिक कुशलता से उत्पादन आसानी से और कम लागत में किया जा सकता है। श्वाब (2016) ने बताया कि उद्योग 4.0 भौतिक, डिजिटल और जैविक दुनिया के सन्दर्भ में अन्य प्रौद्योगिकियों की विशेषताओं से अलग है। श्वाब इस तथ्य पर ज़ोर देते हैं कि उद्योग 4.0 वैश्विक उद्योग और विश्व अर्थव्यवस्था के विकास में सबसे महत्त्वपूर्ण अवधारणाओं में से एक है। इसके चलते यह उद्योगों, अर्थव्यवस्थाओं और सरकारों की विकास योजनाओं पर महत्त्वपूर्ण प्रभाव डाल रहा है।

उद्योग 3.0 को कम्प्यूटर और सूचना और संचार प्रौ[illegible] में हुए विकास का प्रत्यक्ष परिणाम कहा जा सकता है (लियाओ [illegible])। वहीं उद्योग 4.0 के सन्दर्भ में शूमाकर, एरोल और सिहन (2[illegible]) कहते हैं कि उद्योग 4.0 उत्पादन की सम्पूर्ण मूल्य-श्रृंखला उन्न[illegible] प्रौद्योगिकियों के विशाल नेटवर्क से समर्थित है। दरअसल उन्नत स[illegible]स, ऑटो[illegible]मेशन, आर्टिफिशियल इंटेलिजेंस रोबोटिक्स, एडिटिव विनिर्माण और इंटरनेट

ऑफ़ थिंग्स एक साथ मिलकर मैन्युफैक्चरिंग (निर्माण) प्रक्रिया का एक नया युग ला रहे हैं। वास्तविक दुनिया और आभासी वास्तविकता के बीच सीमाएँ धुँधली होती जा रही हैं जो साइबर-भौतिक उत्पादन प्रणाली (सीपीपीएस) के रूप में नयी घटना को जन्म दे रहे हैं। कागरमैन, वाह्लस्टर और जोहान्स (2013) के अनुसार उद्योग 4.0 संचार प्रौद्योगिकी और नवीन आविष्कारों की शक्ति का उपयोग करते हुए विनिर्माण उद्योग के विकास को बढ़ावा दे सकता है।

उद्योग 4.0 की अवधारणाएँ स्मार्ट कारख़ानों में कार्य के निष्पादन और दृष्टिकोण को सुगम बनाती हैं। उद्योग 4.0 की मॉड्यूलर संरचित स्मार्ट कारख़ानों में साइबर भौतिक प्रणालियाँ, भौतिक प्रक्रियाओं की निगरानी करती हैं तथा उपभोक्ताओं की बदलती ज़रूरतों के अनुसार विकेन्द्रीकृत निर्णय लेती हैं। इसके लिए इंटरनेट ऑफ़ थिंग्स के अनुप्रयोग से साइबर भौतिक प्रणालियाँ वास्तविक समय में एक-दूसरे के साथ और मनुष्यों के साथ सम्प्रेषण और सहयोग करती हैं। इसी प्रकार इंटरनेट ऑफ़ सर्विसेज के माध्यम से, मूल्य श्रृंखला के प्रतिभागियों द्वारा इन प्रौद्योगिकियों का समुचित उपयोग करते हुए भीतर और बाहरी उपभोक्ताओं को उन्नत सेवाएँ प्रदान की जाती हैं। उद्योग 4.0 की अवधारणा लगभग सभी व्यवसायों में बदलाव ला रही है। लोगों को हमेशा नये तरीक़े से कार्य करने सीखने के अलावा अब वे हाई-टेक गैजेट्स का उपयोग करने के लिए भी बाध्य हैं जो तेज़ी से उनके कामकाजी जीवन में सबसे महत्त्वपूर्ण कारक बनते जा रहे हैं। उद्योग 4.0 के लाभदायक प्रभावों को नीचे चिन्हित किया गया है :

- नवीन साधनों और नवाचारों के उपयोग से नये उत्पादों के विकास की अवधि को कम करना।
- विनिर्माण प्रक्रिया के साथ फ्लेक्सिबिलिटी (उच्च लचीलेपन) को एकीकृत करना।

- पारम्परिक "सभी के लिए एक विकल्प" की धारणा के बजाय उत्पादों और सेवाओं की विशिष्टता को बढ़ावा देने के लिए सामूहिक-कस्टमाइजेशन का व्यावहारिक उपयोग करना जिसे विनिर्माण में "बैच साइज़ एक" भी कहा जाता है।
- मौजूदा लम्बी संगठनात्मक प्रक्रियाओं के विपरीत विकेन्द्रीकरण द्वारा तेज़ी से निर्णय लेने की प्रक्रियाओं को विकसित करना।
- पर्यावरण के सन्दर्भ में सस्टेनेबिलिटी और संसाधन दक्षता को बढ़ावा देना।

उत्पादन क्षेत्र के सन्दर्भ में, कागरमैन के अनुसार उद्योग 4.0 की अवधारणा के कार्यान्वयन का यह तात्पर्य है कि संचार प्रौद्योगिकी और नवीन आविष्कारों की शक्ति की अधिकतम क्षमता को विकसित कर उत्पादन प्रौद्योगिकियों के विकास को प्रोत्साहित करना है। शूमाकर ने उत्पादन की मूल्य-शृंखला (वैल्यू चेन) को नवीन प्रौद्योगिकियों के नेटवर्क का उपयोग कर उन्नत बनाने पर ज़ोर दिया। सेवाओं के ऑटोमेशन, रोबोटिक्स, आर्टिफिशियल इंटेलिजेंस, इंटरनेट ऑफ़ थिंग्स (आईओटी), और एडिटिव मैन्युफैक्चरिंग ऐसे तत्त्व हैं जो उद्योग और व्यवसायों की सरंचना और आकृति को परिवर्तित करेंगे। इसी के चलते उत्पादन प्रणालियों में वास्तविक दुनिया और आभासी वास्तविकता के बीच का अन्तर कम होता जायेगा जिस के कारण साइबर-भौतिक उत्पादन प्रणालियाँ का सृजन होगा। असल में उद्योग 4.0 का उद्देश्य एक ऐसे 'सक्षम, लचीले और बुद्धिमान संयन्त्रों' का निर्माण करना है जो औद्योगिक नेटवर्क में सूचना के अनुप्रयोग द्वारा व्यवसायों के नये मॉडल विकसित कर सके।

उद्योग 4.0 की अवधारणा उत्पादन (मैन्युफैक्चरिंग) ऑपरेशंस में साइबर-भौतिक-प्रणाली (सीपीएस) के एकीकरण और औद्योगिक प्रक्रियाओं में इंटरनेट ऑफ़ थिंग्स (आईओटी) प्रौद्योगिकियों के

एकीकरण के तकनीकी परिप्रेक्ष्य से जुड़ी है। इसको व्यावहारिक रूप से स्मार्ट कारख़ानों, स्मार्ट उत्पादों और विस्तारित मूल्य नेटवर्क के भीतर विभिन्न संसाधनों और प्रक्रियाओं के लम्बवत्, क्षैतिज और एंड-टू-एंड एकीकरण में देखा जा सकता है। एक कारख़ाने के भीतर कार्यरत लोग, मशीनें, और अन्य संसाधन लम्बवत् रूप से जुड़े हुए हैं। जबकि सीपीएस द्वारा विनिर्मित सामाजिक नेटवर्क के अन्दर कम्पनियाँ विस्तारित मूल्य श्रृंखला में क्षैतिज रूप से जुड़ी हुई हैं। ये परस्पर जुड़ी हुई प्रौद्योगिकियों को उद्योग 4.0 के नौ स्तम्भों के रूप में जाना जाता है। ये प्रौद्योगिकियाँ उत्पादन प्रक्रिया को पूरी तरह से एकीकृत, स्वचालित और इष्टतम उत्पादन में बदलने में अहम भूमिका निभाती हैं। इन मुख्य स्तम्भों को चित्र-2 में दर्शाया गया है तथा निम्नलिखित अनुच्छेदों में समझाया गया है :

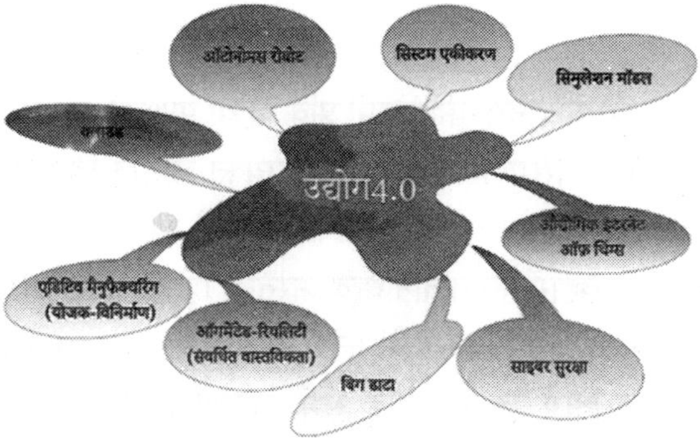

चित्र-2 : उद्योग 4.0 के मुख्य अवयव

ऑटोनोमस रोबोट

उद्योग 4.0 की अवधारणा के सफल कार्यान्वयन में रोबोट एक महत्त्वपूर्ण भूमिका निभाते हैं। उत्पादन गतिविधियों में आज ऑटोनोमस रोबोट का उपयोग उनकी उपयोगिता के कारण बढ़ रहा है। विभिन्न आवश्यकताओं के आधार पर, इनका उपयोग किया जा सकता है। यह रोबोट्स के हाथ

की शक्ल में या एक पूरी असेम्बली लाइन के रूप में अथवा वाहन-जैसा रोवर, अथवा गश्ती रोबोट हो सकता है। जिन्हें कई वर्ष पहले से ही रासायनिक प्रसंस्करण तथा दवा निर्माण के क्षेत्र में एवं खाद्य और पेय पदार्थों की पैकेजिंग में कार्यरत देखा जा सकता है। यह भी सही है कि रोबोट अधिक स्वायत्त, लचीले और बुद्धिमान होते जा रहे हैं। आने वाले समय में वो निश्चित रूप से एक-दूसरे के साथ सम्प्रेषण भी कर सकेंगे तथा मनुष्यों के साथ सुरक्षित रूप से कार्य करते हुए उनसे सीखने में सक्षम होंगे [14]। उदाहरण के लिए रिथिंक रोबोटिक्स का बैक्सटर पैकेजिंग उद्देश्य के लिए एक इंटरैक्टिव प्रोडक्शन रोबोट है। एक ऑटोनोमस रोबोट उत्पादन पद्धति को अधिक सटीक रूप से निश्चित समय के भीतर एक सुरक्षित तरीक़े से बुद्धिमानी से पूरा कर सकते हैं [2]।

सिमुलेशन

सिमुलेशन वास्तविक दुनिया की किसी प्रक्रिया या प्रणाली के संचालन का मॉडल (प्रारूप) है। सिमुलेशन के लिए उपयुक्त मॉडल विकसित करने की आवश्यकता होती है। मॉडल चयनित प्रणाली या प्रक्रिया की प्रमुख विशेषताओं या व्यवहारों का प्रतिनिधित्व करता है। उत्पादों, सामग्रियों और उत्पादन प्रक्रियाओं के अनुकरण के लिए उपयोग के अलावा, सिमुलेशन मॉडल विकसित किये जा सकते हैं सभी घटकों (मशीनों, मानव और उत्पादों) सहित मूल्य-शृंखला का एक आभासी मॉडल (जिसे डिजिटल जुड़वाँ भी कह सकते हैं) बनाकर विभिन्न स्थितियों में उत्पादकता में गिरावट और बढ़ोतरी और अन्य असफलताओं के कारण जाने जा सकते हैं। यह पहले एक स्थिति में निहित वेरिएबल (चर) की पहचान और परिकल्पना करता है, फिर सिमुलेशन परिणामों की तुलना अवलोकन से करता है। बार-बार परीक्षण के बाद, जब परिणाम सन्तोषजनक होते हैं, तो विभिन्न परिस्थितियों में प्रदर्शन की भविष्यवाणी की जा सकती है।

जिनका उपयोग संचालन और उत्पादकता में सुधार के लिए किया जा सकता है। उत्पादन के सिमुलेशन का उपयोग प्रक्रियाएँ न केवल डाउन टाइम को कम कर सकती हैं बल्कि उत्पादन सम्बन्धी विफलताओं को भी नियन्त्रित कर सकती हैं। स्टार्ट-अप चरण में संयन्त्रों की वर्चुअल कमीशनिंग के लिए भी सिमुलेशन मॉडल बनाये जा सकते हैं। इसके साथ-साथ ऊर्जा की खपत या उत्पादन सुविधाओं के एर्गोनोमिक पहलू को भी परखा जा सकता है।

सिस्टम एकीकरण

औद्योगिक इकाइयों में दो प्रमुख तन्त्र- एकीकरण और आत्म-अनुकूलन के लिए प्रयोग किये जाते हैं। विश्लेषण से पता चलता है कि उद्योग 4.0 में एकीकरण के तीनों आयामों को अनिवार्य रूप से उपयोग किया गया है : (अ) सम्पूर्ण मूल्य निर्माण के नेटवर्क में क्षैतिज एकीकरण, (ब) लम्बवत् एकीकरण और नेटवर्क निर्माण प्रणाली, (स) एंड-टू-एंड पूरे सिस्टम एकीकरण। परिणामस्वरुप सम्पूर्ण आपूर्ति शृंखला निर्माण में आईटी सिस्टम एकीकरण के द्वारा डेटा-एकीकरण नेटवर्क और आन्तरिक क्रॉस-फ़ंक्शन का एकीकरण भी हो जाता है। अतः किसी इकाई के अन्दर विभिन्न वस्तुओं, मानवीय कारकों, मशीनों, स्मार्ट सेंसर, उत्पादन प्रक्रियाओं और बुद्धिमान उत्पादन लाइनों के संयोजन से चुस्त, स्मार्ट और आधुनिक मूल्य शृंखला निर्मित होती है [15]।

औद्योगिक इंटरनेट ऑफ़ थिंग्स

इंटरनेट ऑफ़ थिंग्स का अर्थ है लाखों वस्तुओं और भौतिक उपकरणों का एक विश्वव्यापी नेटवर्क जो इंटरनेट के माध्यम से जुड़े हुए हैं और एक मानक प्रोटोकॉल के माध्यम से डेटा एकत्र और साझा कर रहे हैं [7]। असल में, यह एक एम्बेडेड सिस्टम माना जा सकता है जो सूचना और संचार प्रौद्योगिकी का एकीकृत रूप है। सन्दर्भ, सर्वव्यापीयता

और अनुकूलन आईओटी की तीन प्रमुख विशेषताएँ हैं। सन्दर्भ मौजूदा वातावरण के साथ उन्नत सम्प्रेषण की सम्भावना को सन्दर्भित करता है तथा आसपास के बदलावों के प्रति तत्काल प्रतिक्रिया को भी दर्शाता है। सर्वव्यापीयता किसी वस्तु के स्थान, भौतिक या वास्तविक स्थितियों की जानकारी प्रदान करती है। अनुकूलन का तात्पर्य है कि मानव-मशीन इंटरफेस मानव ऑपरेटरों के नेटवर्क से कनेक्शन से कहीं अधिक है (विटकोवस्की 2017)। औद्योगिक इंटरनेट ऑफ़ थिंग्स विनिर्माण उपकरणों को उपभोक्ता उपकरणों से अलग करता है। हालाँकि इसके अन्तर्निहित अवधारणा इंटरनेट ऑफ़ थिंग्स के समान ही है। औद्योगिक इंटरनेट ऑफ़ थिंग्स की विकास यात्रा नयी खोजों और निरन्तर सुधार से परिपूर्ण है। प्रारम्भ में इंटरनेट का मूल रूप से एक ऐसे तन्त्र के रूप में उपयोग होता था जिससे विभिन्न स्थानों में अवस्थित कम्प्यूटरों में फ़ाइल ट्रांसफर, इलेक्ट्रॉनिक मेल इत्यादि जैसे सरल अनुप्रयोग किये जा सकते थे। 1990 के दशक में मोबाइल उपकरणों को जोड़ने के लिए इंटरनेट का तेज़ी से उपयोग किया जाने लगा तत्पश्चात् पावर्ड (जैसे विद्युत् शक्तिचालित) औद्योगिक उपकरण भी इंटरनेट संचार के माध्यम से जोड़े जाने लगे। उसके बाद 2000 के दशक में, निर्जीव (गैर-पावर्ड) वस्तुओं को भी इंटरनेट के साथ जोड़ने की धारणा पेश की गयी। हालाँकि इसमें मुख्य चुनौती यह थी कि ऐसी वस्तुएँ सीधे इंटरनेट नेटवर्क का हिस्सा नहीं बनायी जा सकती थीं। अत: इसके लिए नयी तरह की स्वचालित पहचान तकनीकों (जैसे आरएफआईडी, ब्लूटूथ, बार कोड, क्यूआर कोड) का विकास हुआ जिसमें नेटवर्क रीडिंग डिवाइस के माध्यम से एक प्रॉक्सी कनेक्शन प्रदान किया जाने लगा। फिर 2002 के बाद क्लाउड प्रौद्योगिकी के उद्भव के बाद आईआईओटी की वर्तमान अवधारणा व्यावहारिक रूप से विकसित हुई। 2006 में ओपीसी यूनिफाइड आर्किटेक्चर प्रोटोकॉल ने मानव हस्तक्षेप या इंटरफेस की आवश्यकता के बिना उपकरणों के बीच

सुरक्षित एवं दूरस्थ संचार को सम्भव बनाया। हाल के वर्षों में लागत और आकार के सन्दर्भ में सेंसर तकनीक में बहुत कमी आयी है जिसने मशीनी एयर प्रक्रियाओं के इंस्ट्रुमेंटेशन को वित्तीय और तकनीकी रूप से सुगम और व्यवहार्य बनाया। औद्योगिक इंटरनेट कई प्रमुख तकनीकों का एक साथ इंटीग्रेटेड प्रारूप है जो एकीकृत रूप में अपने भागों (जैसे मशीन, उपकर, सेंसर, नेटवर्क) के योग से कहीं अधिक है। इसलिए औद्योगिक इंटरनेट ऑफ़ थिंग्स (आईआईओटी) की व्याख्या इंटरनेट ऑफ़ थिंग्स के औद्योगिक अनुप्रयोग के विकास रूप में की भी जा सकती है जिसका एक सहज उदाहरण (चित्र-3) स्मार्ट फ़ैक्ट्री है।

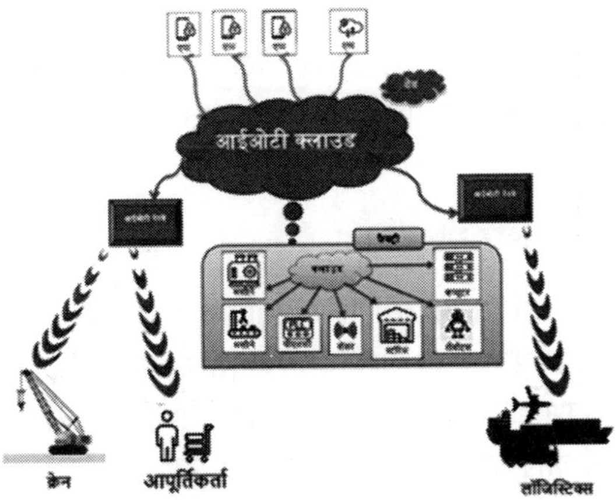

चित्र-3 : औद्योगिक इंटरनेट ऑफ़ थिंग्स एवं स्मार्ट फ़ैक्ट्री

उद्योग 4.0 में आईआईओटी से विशेष रूप से विनिर्माण के भीतर एक नयी रणनीति विकसित हुई है। अब निर्माता केवल ग्राहकों द्वारा ख़रीदे गये उत्पादों में ही रुचि नहीं रखते वरन् इस तथ्य पर अपना ध्यान केन्द्रित करते हैं कि ग्राहक वास्तव में क्या चाहता है। उदाहरण के लिए उद्योग 4.0 कार निर्माता जानने का प्रत्यन करता है कि ग्राहक उन्नत स्वायत्त कारों को क्यों ख़रीद रहा है, ऐसा इसलिए है क्योंकि

उसकी कम्पनी ऐसी एक स्वचालित कार चाहती है, या ऐसा इसलिए है क्योंकि कारख़ाने के भीतर अपने श्रमिकों के परिवहन को स्वचालित करने या व्यावसायिक रूप से उपयोग करने के लिए इसकी आवश्यकता है? इससे उन्हें ग्राहकों की ज़रूरतों को समझाने और अपनी उत्पादन प्रणालियों की कार्यात्मकता को ग्राहक की ज़रूरतों के अनुसार ढलने में मदद मिलती है। इंडस्ट्रियल इंटरनेट ऑफ़ थिंग्स उपकरण बेतार-तरीक़े से आन्तरिक नेटवर्क के साथ-साथ वैश्विक इंटरनेट से जुड़े हुए हैं। ये उपकरण औद्योगिक स्वचालन में एक नये आयाम को दर्शाते हैं। इस विशेषता के कारण ही यह सम्भव हो पाता है कि हम किसी प्रणाली के सभी पहलुओं से वास्तविक समय में डेटा एकत्र कर इसे एक केन्द्रीय सर्वर के साथ साझा कर पाते हैं। यह डेटा विश्लेषण और योजनाओं को कारगर बनाता है जिसके परिणामस्वरूप दक्षता और उत्पादकता में वृद्धि हुई है।

साइबर सुरक्षा और गोपनीयता

उद्योग 4.0 के साथ महत्त्वपूर्ण औद्योगिक प्रणालियों और विनिर्माण प्रणाली को साइबर सुरक्षा सम्बन्धित ख़तरों से बचाने की आवश्यकता बहुत महत्त्वपूर्ण हो जाती है। अतः सुरक्षित, विश्वसनीय संचार के साथ-साथ मशीनों और उपयोगकर्ताओं की स्पष्ट पहचान और उनकी एक्सेस (पहुँच) का प्रबन्धन अनिवार्य हो जाता है। उद्योग 4.0-संचालित प्रकृति और डिजिटल परिवर्तन की त्वरित गति से आज यह माना जा रहा है कि साइबर हमले पहले से कहीं अधिक व्यापक प्रभाव डाल सकते हैं। ऐसा सम्भव है निर्माता और उनकी आपूर्ति शृंखला ऐसे हमलों के लिए तैयार नहीं हो। इस साइबर जोखिम को पर्याप्त रूप से सम्बोधित करने के लिए, साइबर सुरक्षा रणनीतियों को सुरक्षित, सतर्क और लचीला होने की आवश्यकता है। साथ ही शुरू से ही संगठनात्मक और सूचना प्रौद्योगिकी रणनीति के साथ पूरी तरह से एकीकृत होना चाहिए। अतः साइबर सुरक्षा

किसी भी नयी उद्योग 4.0-संचालित पहल की रणनीति, डिजाइन और संचालन का एक अभिन्न हिस्सा होना चाहिए। नयी सूचना प्रौद्योगिकियों द्वारा उत्पन्न सबसे बड़ी व्यक्तिगत चुनौतियों में से एक चुनौती गोपनीयता भी है। कम्पनियों की डेटा पर पहुँच और नियन्त्रण बढ़ने से हमारे यह आन्तरिक जीवन को भी प्रभावित करेगा। इसी तरह, जैव-प्रौद्योगिकी और एआई से होने वाली क्रान्तियाँ, हमारे जीवन काल, स्वास्थ्य, अनुभूति और क्षमताओं की वर्तमान सीमाओं को परिवर्तित कर रही हैं इसीलिए हमें नैतिक सीमाओं को फिर से परिभाषित करने की आवश्यकता भी हो सकती है।

क्लाउड

विभिन्न साइटों पर डेटा-संचालित सेवाओं और डेटा साझाकरण को क्लाउड में परिनियोजित किया जाता है। क्लाउड, या क्लाउड कम्प्यूटिंग सामान्यत: इंटरनेट पर विभिन्न गतिविधियों के लिए स्केलेबल संसाधन प्रदान करने वाली कम्प्यूटेशनल सेवाओं को सन्दर्भित करती है। इसकी महत्ता को देखते हुए कुछ विशेषज्ञ बिजली, गैस, पानी और टेलीफ़ोन के साथ इसे 'पाँचवीं उपयोगिता' के रूप में भी परिभाषित करते हैं। उद्योग 4.0 के साथ, व्यापारिक संस्थाओं को डेटा साझाकरण बढ़ाने की आवश्यकता है जिसके लिए क्लाउड-आधारित आईटी-प्लेटफ़ॉर्म कनेक्शन और संचार के लिए आधारभूत सरंचना प्रदान करता है। क्लाउड दूरस्थ सर्वर के रूप में कार्य करता है जिसकी सेवाएँ चौबीस घण्टे उपलब्ध रहती हैं। इसकी उच्च-प्रदर्शन और कम लागत वाली सुविधा व्यवसाय के लिए पूरी तरह से उपयुक्त है। डिजिटल उत्पादन एक ही क्लाउड में विभिन्न उपकरणों के साथ जुड़े होने की एक अवधारणा है ताकि पूरे संयन्त्र में एक-दूसरे के साथ रियल टाइम में जानकारी को साझा किया जा सके। क्लाउड सेवाओं के बढ़ते उपयोग ने क्लाउड

विनिर्माण की अवधारणा को जन्म दिया है जो क्लाउड संसाधनों के मॉड्यूलराइजेशन और सेवा-उन्मुखता बढ़ाता है। क्लाउड विनिर्माण ने उत्पादन प्रक्रिया की विभिन्न चरणों की डिजाइन प्रक्रिया में बड़ी संख्या में प्रतिभागियों का हिस्सा लेना सम्भव बनाया है। इसके अलावा ग्राहक के सुझावों और इंजीनियर की चिन्ताओं को डिजाइन प्रक्रिया में शामिल किया जा सकता है।

एडिटिव मैन्युफैक्चरिंग (योजक-विनिर्माण)

उद्योग 4.0 के साथ, उपभोक्ताओं के मुताबिक़ विभिन्न उत्पादों के छोटे-छोटे बैचों का उत्पादन करने की आवश्यकता है। ग्राहकों की ज़रूरतें समय के साथ बदल रही हैं। जैसे-जैसे ग्राहकों की ज़रूरतें बदल रही हैं उत्पादों का वैयक्तिकरण भी बढ़ता जा रहा है और इसके साथ उद्यमियों को कम से कम समय में इन उत्पादों को निर्मित करने की चुनौती का सामना करना पड़ रहा है। इसके अलावा उत्पादों का जीवन चक्र घट रहा है तथा माँग के अनुकूल उत्पादों का त्वरित उत्पादन करना पड़ता है जिससे विनिर्माण प्रक्रिया की जटिलताएँ बढ़ जाती हैं। इस सन्दर्भ में एडिटिव मैन्युफैक्चरिंग (योजक-विनिर्माण) विधियों का व्यापक रूप से इस्तेमाल किया जाता है। यह विधियाँ उत्पादों के छोटे बैच उत्पादन को भी कम लागत में बनाने में सक्षम बनायेंगी। फ़्यूज्ड डिपोजिशन मेथड (एफडीएम), सेलेक्टिव लेजर मेल्टिंग (एसएलएम) और सेलेक्टिव लेजर सिंटरिंग (एसएलएस) जैसी एडिटिव मैन्युफैक्चरिंग विधियों के उपयोग से उत्पादों को तेज़ी से सस्ते दामों में बनाया जा सकता है। एडिटिव मैन्युफैक्चरिंग ऐसी उत्पादन तकनीक है जिसमें घटक तत्त्वों/सामग्री की परतों को जोड़ कर अन्तिम उत्पाद निर्मित करना सम्भव बनाता है। आईएसओ/एएसटीएम 52921-1 के अनुसार एडिटिव मैन्युफैक्चरिंग को "उन प्रक्रियाओं के रूप में वर्णित करता है जो वस्तुओं के त्रि-आयामी गणितीय मॉडल के माध्यम से विभिन्न परतों को ओवरलैप करके (चिप हटाने जैसी प्रक्रिया के विपरीत) उत्पाद को निर्मित करती है।

ऑगमेंटेड-रियलिटी (संवर्धित वास्तविकता)

ऑगमेंटेड-रियलिटी (ए आर) आधारित सिस्टम की भी एक महत्त्वपूर्ण भूमिका है यह कई प्रकार के कार्य जैसे वेयरहाउस से पुर्जों का चयन करना और मोबाइल उपकरणों पर मरम्मत के निर्देश भेजना, डिजिटल उपकरण के द्वारा करना सम्भव बनाते हैं। उद्योग 4.0 में संवर्धित वास्तविकता के बहुत से अनुप्रयोग हैं। यह ऑपरेटर्स को उनके वास्तविक कार्यक्षेत्र में अनेक प्रकार से मदद करता है। जैसे संवर्धित वास्तविकता के माध्यम से प्रबन्धक कार्य की चरण-दर-चरण प्रक्रियाओं की कल्पना कर सकते है एवं दूरस्थ विशेषज्ञों से वास्तविक समय में दृश्य निर्देश प्राप्त कर सकते हैं।

आभासी वास्तविकता (आ. वा.)	संवर्धित वास्तविकता (सं. वा.)
➢उपयोगकर्ता हेडसेट के माध्यम से सम्पूर्ण डिजिटल दुनिया देख सकता है।	➢उपयोगकर्ता वास्तविक दुनिया पर उपलब्ध डिजिटल जानकारी को देखता है।
➢निर्माताओं के पास बहुत अधिक नियंत्रण होता है, वे उपयोगकर्ता को वही दिखाते हैं जो वे दिखाना चाहते हैं।	➢सामग्री को वास्तविक दुनिया की वस्तुओं के साथ एकीकृत करने की आवश्यकता है।
➢उत्पादन के लिए अपेक्षाकृत उच्च संसाधन की आवश्यकता होती है ।	➢उत्पादन के लिए अपेक्षाकृत कम संसाधनों आवश्यक होते हैं।

उद्योग सम्बन्धित निर्णय लेने और कार्य प्रक्रियाओं में सुधार के लिए श्रमिकों को वास्तविक समय में जानकारी प्रदान करने के लिए संवर्धित वास्तविकता का उपयोग किया जा सकता है। इसके अलावा, ए आर का उपयोग कार्य और रख-रखाव में सुधार और आभासी प्रशिक्षण के लिए भी इसका उपयोग किया जा सकता है। इसको वर्चुअल रियलिटी के साथ तुलनात्मक रूप से नीचे वर्णित किया गया है।

बिग डेटा

उद्योग 4.0 में कई अलग-अलग स्रोतों से डेटा का संग्रह और व्यापक विश्लेषण करना आवश्यक होता है। वास्तविक समय में उत्पादन या उपभोक्ता सम्बन्धी निर्णय लेने के लिए उत्पादन उपकरण और प्रणाली तथा उद्यम और ग्राहक-प्रबन्धन सिस्टम से डेटा संग्रह करने की ज़रूरत होती है। सामान्य तौर पर, उद्योग 4.0 कम्पनियाँ विभिन्न स्रोतों जैसे सेंसर रीडिंग, लॉग फ़ाइल, वीडियो/ऑडियो, नेटवर्क ट्रैफ़िक, लेन-देन, सोशल मीडिया फीड से बड़ी मात्रा में डेटा उत्पन्न करती हैं। कम्पनियाँ इस 'बिग़ डेटा' का विश्लेषण करके मूल्यवान और महत्त्वपूर्ण जानकारी प्राप्त कर सकती हैं जो उन्हें व्यापार बाज़ार से सम्बन्धित नयी अन्तर्दृष्टि दे सकती है और इसका उपयोग करके वह व्यापारिक प्रतिस्पर्धा में आगे निकल सकती है। हालाँकि बिग डेटा का उपयोग विनिर्माण तक ही सीमित नहीं है। बिग डेटा शब्द बड़े एवं लगातार बढ़ते डेटा सेट को सन्दर्भित करता है जिसे डिजिटल रूप में संगृहित किया जाता है यह और विश्लेषण के लिए उपलब्ध होता है। फॉरेस्टर की परिभाषा के अनुसार, बिग डेटा में चार मुख्य आयाम होते हैं : डेटा की मात्रा, डेटा की विविधता, नये डेटा के निर्माण का वेग और विश्लेषण तथा डेटा का मूल्य। पहले दर्ज किये गये डेटा का विश्लेषण और डेटा का उपयोग विभिन्न प्रकार से किया जा सकता है। उदाहरण के तौर पर हम डेटा को विभिन्न उत्पादन प्रक्रियाओं में मौजूद ख़तरों और सम्भावित बाधाओं का पता लगाने के लिए कर सकते हैं। इसके अतिरिक्त बार-बार होने वाली समस्याओं के समाधान खोजने के लिए भी कर सकते हैं। वहीं दूसरी ओर एक बड़े क्षेत्र के सभी रिटेल स्टोर्स के डेटा को उन्नत एल्गोरिदम से ग्राहकों की वरीयताओं के पैटर्न और भविष्य के बाज़ार के रुझान की पहचान की जा सकती है। अतः बिग डेटा विनिर्माण प्रक्रिया के दौरान मानकों से विचलन, गुणवत्ता

सुधार और ऊर्जा दक्षता जैसे मूलभूत मुद्दों पर पुनर्विचार करके प्रतिस्पर्धी बढ़त हासिल करने की कुंजी हो सकती है।

उद्योग 4.0 का मुख्य उद्देश्य ग्राहकों की व्यक्तिगत ज़रूरतों को पूरा करना है जो ऑर्डर प्रबन्धन, अनुसन्धान और विकास, विनिर्माण कमीशन, उत्पादों के उपयोग और पुनर्चक्रण तक वितरण जैसे क्षेत्रों को प्रभावित करता है। हालाँकि यह स्मार्ट शहर जैसे क्षेत्रों से भी सम्बन्धित है जिन्हें आमतौर पर उद्योग अनुप्रयोगों के रूप में वर्गीकृत नहीं किया जाता है। इन प्रणालियों का उद्देश्य स्व-संगठन, स्व-रख-रखाव, वास्तविक समय नियन्त्रण, पूर्वानुमेयता, दक्षता, मज़बूती और स्वायत्त होने सहित भविष्य कहने वाला, 'आत्म-जागरूक' सेवाएँ प्रदान करना है।

उद्योग 4.0 के मुख्य उत्प्रेरक तत्त्व

इंडस्ट्रियल इंटरनेट ऑफ़ थिंग्स (आईआईओटी), एडवांस्ड मैन्युफैक्चरिंग, साइबर-भौतिक प्रणाली और आर्टिफिशियल इंटेलिजेंस उद्योग 4.0 के मुख्य उत्प्रेरक तत्त्व माने जाते हैं। ये उत्प्रेरक तत्त्व उत्पादन प्रक्रिया को पूरी तरह से डिजिटल और इंटेलिजेंट प्रक्रिया में बदल देने में सक्षम हैं। इंटरनेट ऑफ़ थिंग्स हैं (आईओटी), इंडस्ट्रियल इंटरनेट ऑफ़ थिंग्स (आईआईओटी) एवं एडवांस्ड मैन्युफैक्चरिंग के बारे में पहले ही चर्चा की जा चुकी है। आर्टिफिशियल इंटेलिजेंस कई तकनीकों का संयोजन है, जो सॉफ्टवेयर और मशीनों को स्वत: समझने, कार्य करने और सीखने या मानवीय गतिविधियों की सीमा को बढ़ाना सम्भव बनाता है। आर्टिफिशियल इंटेलिजेंस के माध्यम से औद्योगिक उत्पादन मानव श्रम की तुलना में उच्च दक्षता प्राप्त कर सकता है। इसके अलावा, एआई रोबोट को ऐसे कार्य करने में सक्षम बनाया जा सकता है जो एक व्यक्ति नहीं कर पायेगा, उदाहरण के लिए, ख़तरनाक कच्चे माल या सूक्ष्म घटकों को सँभालना। इस तथ्य से प्रेरित क्षेत्र में निरन्तर विकास हो रहा है कि यह तकनीक उद्योग 4.0 के साथ बढ़ती है। जैसे-जैसे आर्टिफिशियल इंटेलिजेंस विकसित होगी और इसकी लागत कम होती जाती है।

उद्योग 4.0 स्मार्ट तरीक़े से डेटा एकत्र करके, वस्तुस्थिति के अनुरूप सही निर्णय लेकर और उन्हें सफलतापूर्वक क्रियान्वित करते हुए उद्योगों की विनिर्माण दक्षता को प्रोत्साहित करता है। इस सन्दर्भ में उद्योग 4.0

से सम्बन्धित उन्नत प्रौद्योगिकियों का उपयोग करके, डेटा एकत्र करने और व्यावहारिक उपयोग करने की प्रक्रिया आसान हो जाती है। उद्योग 4.0 की इंटरऑपरेबिलिटी ऑपरेटिंग क्षमता एक विश्वसनीय विनिर्माण वातावरण विकसित करने में 'कनेक्टिंग ब्रिज' के रूप में कार्य करती है जो आर्टिफिशियल इंटेलिजेंस (कृत्रिम बुद्धिमत्ता) कार्यों का सबसे महत्त्वपूर्ण पहलू है। इसके फलस्वरूप निर्माता मशीनों को संचालित करने के बजाय उनके साथ संवाद करने में सक्षम होंगे। आर्टिफिशियल इंटेलिजेंस उद्योग के संचालन में अभूतपर्व बदलाव लाया है यह मनुष्य और मशीन के बीच कम्प्यूनिकेशन के नये प्रारूप से प्रेरित है। स्मार्ट कारख़ानों की विशेषता है जहाँ मानव और साइबर-भौतिक सिस्टम क्लाउड में सम्प्रेषण करते हैं। एक मशीन जो एक इन्सान के रूप में सोच और संचालित कर सकती है, अक्सर उसके पास ज्ञान और विषय संगत सूचना का संग्रह होता है जो उन्हें अधिक सक्षम बनाता है। आर्टिफिशियल इंटेलिजेंस बुद्धिमान मशीन, विशेष रूप से बुद्धिमान कम्प्यूटर प्रोग्राम बनाने का विज्ञान और इंजीनियरिंग है (जॉन मैकार्थी)। इसे कई तकनीकों का संयोजन के रूप में भी समझा जा सकता है जो सॉफ्टवेयर और मशीनों को अपने आप समझने, कार्य करने और सीखने अथवा मानवीय गतिविधियों की सीमा को बढ़ाने की क्षमता प्रदान करता है।

साइबर-भौतिक सिस्टम (सीपीएस) उद्योग 4.0 के मूल तत्त्वों में से एक है। सीपीएस को भौतिक दुनिया और कम्प्यूटेशनल क्षमताओं को एकीकृत करने वाली प्रणाली के रूप में परिभाषित किया गया है जो कई नयी सूचना प्रौद्योगिकियों के माध्यम से एक-दूसरे से तथा मनुष्यों से सम्प्रेषण कर सकती है। साइबर-भौतिक प्रणालियों को एक ऐसी प्रक्रिया के रूप में भी देखा जा सकता है जिसमें भौतिक उपकरण तथा मशीनें, सॉफ्टवेयर के साथ एक एकीकृत सिस्टम में जुड़े होते हैं।

इसके फलस्वरूप मशीनें और ऑपरेटर एक-दूसरे के साथ सहयोग करने के लिए संवाद कर सकते हैं। सैद्धान्तिक स्तर पर इसका अर्थ केवल एक विशिष्ट उपकरण जैसे विद्युत वाल्व को कम्प्यूटर से जोड़ना भी हो सकता है, जो एक स्मार्ट कारख़ाने में असेम्बली लाइन के उत्पादन को नियन्त्रित कर सकता है। एक संयन्त्र में वाल्व को विद्युत स्विच से जोड़ कर स्वचालित बनाना एक अन्य सरल उदाहरण है लेकिन यह सॉफ्टवेर और हार्डवेयर समायोजन की पूरी तस्वीर को परिभाषित नहीं करता है। हालाँकि, इस वाल्ब को चालू करने का समय और कनेक्टेड असेम्बली लाइन उत्पादन नियन्त्रित करने की प्रक्रिया को समझना आसान है। लेकिन किसी उप-घटक असेम्बली-लाइन की विफलता के पश्चात् अनावश्यक ख़राब उत्पाद के निर्माण को रोकने के लिए विद्युत स्विच को सक्रिय करने का निर्णय कितना सही था और क्या उप-घटक असेम्बली-लाइन की विफलता का सही ढंग से निदान किया गया था, ये अन्य महत्त्वपूर्ण मुद्दे हैं जिनके लिए आगे विश्लेषण करना आवश्यक है। एआई सक्षम साइबर भौतिक सिस्टम उत्पादन शृंखला सम्बन्धित सूचना प्रवाह के सूत्रधार के रूप में कार्य करते हैं और मनुष्यों को उनके इष्टतम संचालन के लिए आवश्यक धारणा, अनुभूति, विश्लेषण, निर्णय लेने और भौतिक प्रणालियों के नियन्त्रण को पूरा करने में मदद करते हैं। सीपीएस जिसमें भौतिक और कम्प्यूटेशनल घटकों के इंटरैक्टिंग नेटवर्क सम्मिलित हैं एकीकृत प्रणालियों के माध्यम से जीवन की गुणवत्ता में सुधार करने, व्यक्तिगत स्वास्थ्य देखभाल, आपातकालीन प्रतिक्रिया, यातायात प्रवाह प्रबन्धन, रक्षा और सुरक्षा और ऊर्जा आपूर्ति जैसे महत्त्वपूर्ण क्षेत्रों में कार्यक्षमता को बढ़ाने में सहायक हो सकते हैं।

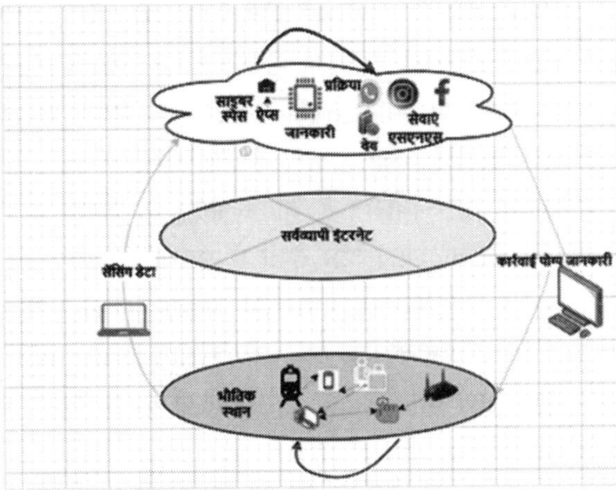

चित्र-4 : भौतिक और साइबर दुनिया के बीच सूचना का प्रवाह

सीपीएस बड़े पैमाने पर डेटा वॉल्यूम को व्यवस्थित रूप से सूचना में बदलता है, जो प्रदर्शन में सुधार, गिरावट और अक्षमताओं के अदृश्य पैटर्न को दृश्यमान बनाता है और इष्टतम निर्णय लेने में मदद करता है। सरल शब्दों में 'साइबर-भौतिक सिस्टम' एम्बेडेड सिस्टम और भौतिक सिस्टम (रीयल-टाइम सिस्टम) का एक एकीकृत रूप ही है। जैसा कि चित्र-4 में दिखाया गया है इसमें कई उपकरण जैसे इंजीनियरिंग सिस्टम, कृत्रिम बुद्धिमत्ता आधारित सिस्टम और उत्पादन सम्बन्धी प्रणालियाँ भी सम्मिलित हो सकती हैं जिसे साइबर-भौतिक सिस्टम नामक प्रणाली के नाम से सम्बोधित किया जाता है। साइबर-भौतिक सिस्टम का एक प्रारूप साइबर-भौतिक उत्पादन सिस्टम (सीपीपीएस) भी है। यह कम्प्यूटर विज्ञान (सीएस), सूचना और संचार प्रौद्योगिकियों (आईटीसी), विनिर्माण विज्ञान और प्रौद्योगिकी (एमएसटी) के नवीनतम विकास का लाभ उठाकर विनिर्माण क्षेत्र में आमूलचूल परिवर्तन ला सकती है। साइबर-भौतिक उत्पादन प्रणालियों में स्वायत्त और सहयोगी घटक तत्त्व और उप-प्रणालियाँ शामिल हैं, जो विभिन्न स्थितियों में उत्पादन श्रृंखला में

सूचना संचार और अन्त:क्रियाओं को जोड़ती हैं। दरअसल इन प्रणालियों का उपयोग कर एक फ़ैक्ट्री को स्मार्ट फ़ैक्ट्री के रूप में विकसित करना उद्योग 4.0 का लक्ष्य है। स्मार्ट फ़ैक्ट्री को एक नये प्रकार के विनिर्माण समाधान के रूप में देखा जा सकता है यह ऐसी लचीली और दक्ष उत्पादन प्रक्रियाओं का संयोजन है जो उत्पादन के दौरान उत्पन्न होने वाली समस्याओं का गतिशील और तेज़ी से समयोचित समाधान करेंगी। इसके साथ बाज़ार की बदलती माँगों एवं बढ़ती जटिलताओं के साथ सामंजस्य बिठाते हुए अनावश्यक श्रम और संसाधनों की खपत में कमी लायेगा और विनिर्माण को बदलती परिस्थितियों के अनुकूल बनाने में सक्षम बनायेगा।

उद्योग 4.0 की अवधारणाओं और उनके व्यावहारिक अनुप्रयोगों के सम्बन्ध में कुछ विशेष शब्द या शब्दावली का उल्लेख विभिन्न पुस्तकों और शोध-पत्रों में देखा जा सकता है। एक अर्थ में इन्हें उद्योग 4.0 के व्यावहारिक अनुप्रयोग के दौरान आयी हुई स्थितियों को परिभाषित करने के प्रयास के रूप में देख सकते हैं। वहीं दूसरी और इसे उद्योग 4.0 की समझ के बढ़ते हुए वैयक्तिकरण के तौर पर भी समझा सकता है। इन शब्दों को संक्षेप में एक आसान विवरण द्वारा सन्दर्भित करने की आवश्यकता है। सारांश तालिका में सूचीबद्ध रूप से फोकल बिन्दुओं को वर्णित किया गया है जिससे इन अवधारणाओं को समझने में मदद मिलेगी।

सारांश सूची तालिका		
क्र. सं.	**शब्दावली**	**विवरण**
1	उन्नत विनिर्माण (Advanced manufacturing)	यह उद्योग 4.0 की अवधारणा का आधार है और विनिर्माण की एक विस्तृत श्रेणी है। यह आर्टिफिशियल इंटेलिजेंस प्लेटफ़ॉर्म पर आधारित होता है। इससे विनिर्माण को यथासम्भव कुशल और विश्वसनीय बनाने के लिए स्वचालित निर्णय लेने, डेटा विश्लेषण या स्वचालित उत्पादन और विभिन्न रोबोटिक्स जैसी उन्नत तकनीकों का अनुप्रयोग करते हैं।
2	आर्टिफिशियल इंटेलिजेंस	आर्टिफिशियल इंटेलिजेंस बुद्धिमान मशीन, विशेष रूप से बुद्धिमान कम्प्यूटर प्रोग्राम बनाने का विज्ञान और इंजीनियरिंग है (जॉन मैकार्थी)। इसे कई तकनीकों का संयोजन के रूप में भी समझा जा सकता है जो सॉफ्टवेयर और मशीनों को अपने आप समझने, कार्य करने और सीखने अथवा मानवीय गतिविधियों की सीमा को बढ़ाने की क्षमता प्रदान करता है।
3	ब्लॉकचैन (Blockchain)	ब्लॉकचैन एक विकेन्द्रीकृत प्रणाली है जो वाणिज्यिक लेनदेन और वैश्विक बाज़ार में सहयोगात्मक प्रयासों का लाभ उठाते हुए सुरक्षा, गोपनीयता और डेटा पारदर्शिता में सुधार ला सकती है। ब्लॉकचैन तकनीक में सूचनाओं की एक

		शृंखला बनाकर डेटा एकत्र किया जाता है और उसे ब्लॉक में सत्यापित करते है। इन ब्लॉकों की जाँच करने के बाद पिछले ब्लॉक में लेन-देन और सूचना-शृंखला में जोड़ा जाता है। अत: ब्लॉकचैन एक विकेन्द्रीकृत, एन्क्रिप्टेड, वितरित लेज़र को सन्दर्भित करता है जो डेटा की सुरक्षा गोपनीयता सुनिश्चित कर रीयल-टाइम लॉग बनाने में सम्भव बनता है।
4	सरकुलर अर्थव्यवस्था (Circular economy)	यह एक पुनर्योजी दृष्टिकोण है जो व्यवसायों, समाज और पर्यावरण के सह-अस्तित्व को बढ़ावा देने और पर्यावरण में सुधार के लिए अपशिष्ट को ख़त्म करने और ग़ैर-नवीकरणीय संसाधनों के उपयोग को कम करने में मददगार माना जाता है।
5	स्व-संगठन	स्व-संगठन (Self-organisation) की अवधारणा प्रकृति से व्युत्पन्न हुई मानी जाती है। यह विशेषता सिस्टम को बाहरी हस्तक्षेप के बिना अपने आप में सुधार करने में सक्षम और स्वायत्त बनाती है। रोबोटिक्स, इंटेलिजेंट मशीन्स और आर्टिफिशियल इंटेलिजेंस में, इसका अर्थ होता है "सीखना कैसे सीखें"। कुबोटा के अनुसार स्व-संगठित विनिर्माण प्रक्रिया अपने हार्डवेयर के साथ-साथ सॉफ्टवेयर को भी पुनर्गठित करने में सक्षम होती है तथा मशीनिंग नियन्त्रण और

		विनिर्माण प्रबन्धन केन्द्रीकरण के बजाय विकेन्द्रीकृत किया जाता है। अतः इसको सभी घटकों के वितरण को विकेन्द्रीकृत करने की एक प्रक्रिया के रूप में भी देखा जा सकता है।
6	स्मार्ट प्रोडक्ट	यह एक इंटरनेट-ऑफ़-थिंग्स-सक्षम उत्पाद है जिसे नेटवर्क से कनेक्ट किया जा सकता है। इसके प्रदर्शन और उपयोगिता को नेटवर्क सम्प्रेषण के माध्यम से अधिकतम स्तर तक पहुँचाया जा सकता है।
7	स्मार्ट फ़ैक्ट्री	स्मार्ट फ़ैक्ट्री एक नया उत्पादन समाधान है जो आज के बाज़ार की ज़रूरतों को पूरा करने के लिए एक लचीले और कुशल तरीक़े से विभिन्न औद्योगिक और ग़ैर-औद्योगिक भागीदारों को एकीकृत करता है। इस सहयोगात्मक प्रक्रिया में उत्पादन प्रणाली के भौतिक घटकों के साथ डिजिटल, अमूर्त और आभासी घटकों को एक एकल प्रणाली में जोड़ते हैं जो संचालन को कुशल, लचीला, अनुकूलनीय और इष्टतम बनाने में सहायक होता है।
8	प्लेटफ़ॉर्म अर्थव्यवस्था	प्लेटफ़ॉर्म अर्थव्यवस्था में उपयोगकर्ता के साथ सम्भावित बेहतर आपूर्तिकर्ता और उत्पादक से मिलाकर व्यवसाय को सुगम बनाया जाता है।

9	पुल अर्थव्यवस्था (Pull economy)	यह एक ऐसी अर्थव्यवस्था है जहाँ उपभोक्ता पहल करते हैं और आपूर्तिकर्ता उनकी नये उत्पादों और सेवाओं की माँग को पूरा करने के लक्ष्य से कार्य करते हैं।
10	कनेक्टेड उद्यम	कनेक्टेड उद्यम (Connected enterprise) की अवधारणा में कम्पनियाँ सम्बन्धित सभी संस्थाओं के साथ सभी जानकारी साझा करती हैं ताकि पूरी विनिर्माण प्रक्रिया की क्षमता को इष्टतम बनाया जा सके।
11	डेटा साक्षरता	डेटा साक्षरता (Data literacy) को डेटा पढ़ने, समझने, संप्रेषित करने और डेटा से नयी जानकारी निकालने की क्षमता के रूप में समझा जा सकता है।
12	डिजिटल साक्षरता	डिजिटल साक्षरता (Digital literacy) उद्योग 4.0 के कर्मचारियों के लिए बहुत महत्त्वपूर्ण है जो उनकी डिजिटल जानकारी को खोजने, उसका मूल्यांकन करने एवं उसे निर्मित करने की क्षमता को दर्शाता है।
13	मशीन लर्निंग	मशीन लर्निंग कृत्रिम बुद्धिमत्ता का ही एक रूप है जो सिस्टम और एल्गोरिदम को अनुभव के आधार पर स्वचालित रूप से सुधारने की क्षमता प्रदान करती है। यह एक मशीन को अनुभव के माध्यम से अपने आप में सुधार करना सिखाता है।

14	परिचालन टेक्नोलॉजी	परिचालन टेक्नोलॉजी (Operational technology) प्रणाली स्वचालित निगरानी और नियन्त्रण के माध्यम से परिवर्तनों का पता लगाती है और विनिर्माण प्रक्रिया की गुणवत्ता और सुरक्षा सुनिश्चित करने के लिए आवश्यक कार्यवाही करती है।
15	अनुमानित अनुरक्षण	अनुमानित अनुरक्षण (Predictive Maintenance) अनियोजित डाउनटाइम और अनिर्धारित रख-रखाव के दुष्परिणामों से बचने के लिए औद्योगिक संगठन आजकल प्रागक्तिक अनुरक्षण की नीति अपना रहे हैं। वे उपकरणों के अनुमानित जीवन अवधि से पहले नियमित अन्तराल पर आवश्यक टूल्स और भागों को बदल देते हैं। प्रागक्तिक अनुरक्षण की नीति उपकरणों से सम्बन्धित डिजिटल डेटासेट (जैसे कम्पन, ध्वनिक डेटा, बिजली की खपत और थर्मल इमेज) के संग्रह और विश्लेषण पर आधारित होता है। इस सन्दर्भ में डिजिटल प्रौद्योगिकियाँ मशीनों और उनके भागों के शेष उपयोगी जीवन (आरयूएल) जैसे मापदंडों के बारे में इंगित कर सकती हैं। यह नीति अनिर्धारित डाउनटाइम को कम करने और रख-रखाव और मरम्मत के सर्वोत्तम समय को निर्धारित करने में मदद करती है।

16	डिजिटल जुड़वां	डिजिटल जुड़वाँ (Digital twin) जटिल संरचनाओं और प्रक्रियाओं का एक गतिशील और आभासी प्रारूप है जो रीयल-टाइम अपडेट के माध्यम से अद्यतन बना रहता है। यह विभिन्न तरीक़ों से अपने वातावरण के साथ सम्प्रेषण कर सकता है। इसमें वर्चुअल और संवर्धित वास्तविकता के साथ-साथ 3D ग्राफिक और डेटा मॉडलिंग का उपयोग मॉडल बनाने के लिए किया जाता है। यह औद्योगिक इकाइयों को अपनी समस्याओं का जल्द पता लगाने, परिणामों के बारे में सही भविष्यवाणी करने और बेहतर उत्पादों का निर्माण करने में मदद करता है। ये समस्याओं के निदान और डिजाइन परिवर्तनों को सत्यापित करने के लिए एक विश्वसनीय विकल्प है।

उद्योग 4.0 के बारे में दो महत्त्वपूर्ण तथ्य निश्चित रूप से उल्लेख किये जा सकते हैं। पहला डिजिटल क्रान्ति का एक ऐसा दौर है जो अपरिहार्य है और यह क्रान्ति अभी भी प्रगति पर है। इन नयी तकनीकों से लाभ के साथ-साथ समस्याएँ और चुनौतियाँ भी उत्पन्न होंगी। इसमें, सबसे पहले, वर्तमान में स्वायत्तता और डिजिटल संसाधनों की कमी के कारण उद्योगों को स्मार्ट मैन्युफैक्चरिंग सिस्टम के लक्ष्य की तरफ़ बढ़ने में समस्याएँ आयेंगी। दूसरी समस्या डेटा की गुणवत्ता और इंटेग्रिटी सुनिश्चित करने की है। डेटा इकाइयों को संयोजन कर विश्लेषण करने तथा कार्य प्रणालियों की मॉडलिंग और सिमुलेशन प्रक्रिया भी बहुत जटिल है। इसके अलावा एक महत्त्वपूर्ण मुद्दा साइबर सुरक्षा है। हमने पिछले 5 वर्षों में Wanna Cry, Petya और Not Petya जैसे साइबर हमले देखे हैं। हालाँकि साइबर सुरक्षा बढ़ाने के कई मानक तरीक़े हाल में विकसित किये गये हैं। उदाहरण के तौर पर एंड-टू-एंड एन्क्रिप्शन और वर्चुअल प्राइवेट नेटवर्क जैसे तकनीकी समाधान सुझाये गये हैं लेकिन परिणाम सन्तोषजनक नहीं रहे हैं। वर्तमान में ब्लॉकचैन तकनीक के अनुप्रयोगों द्वारा उद्योग 4.0 में साइबर सुरक्षा सुनिश्चित करने के प्रयास किये जा रहे हैं। ब्लॉकचैन एक विकेन्द्रीकृत प्रणाली है जिसका लाभ उठाते हुए सुरक्षा, गोपनीयता और डेटा पारदर्शिता में सुधार लाया जा सकता है। इसमें सूचनाओं की एक शृंखला बनाकर उसे ब्लॉक में सत्यापित करते हैं और उसे पिछले ब्लॉक में जोड़ते जाते हैं। ब्लॉकचैन विषम प्रणालियों को एकीकृत करने, वाणिज्यिक लेनदेन का प्रबन्धन करने और सम्पत्ति और ट्रांजेक्शन की ट्रेक करने की क्षमता को बढ़ावा देती है। ब्लॉकचैन आभासी स्वायत्त एजेंटों के साथ आभासी स्मार्ट अनुबन्धों के प्रयोग से प्रोविडेंस रिकॉर्ड, गुणवत्ता नियन्त्रण और उचित विनियमिन का अनुपालन सुनिश्चित करने में सक्षम बनती है। प्रारम्भिक दौर में ब्लॉकचैन प्रौद्योगिकी का फोकस वित्त क्षेत्र में अनुप्रयोगों पर था लेकिन हाल में इसे विनिर्माण की कार्य प्रक्रियाओं, कृषि, स्वास्थ्य देखभाल में भी उपयोग किया जा रहा है।

उद्योग 4.0 का अनुप्रयोग : रेमी 4.0

विभिन्न उद्योगों ने उद्योग 4.0 जनित प्रगति की सम्भावनाओं को ध्यान में रखते हुए इसको समझने और अपनाने के प्रयास किये। ऐसा देखा गया है कि उद्योग 4.0 से सम्बन्धित तकनीकों के अनुप्रयोग से वर्तमान कार्यप्रणालियों और औद्योगिक संरचनाओं में परिवर्तन आता है जिनसे मौजूदा उद्योग की मूल्य श्रृंखलाएँ बाधित (डिसरैप्ट) हो सकती हैं। हालाँकि न तो औद्योगिक क्रान्ति और न ही इसके साथ आने वाले व्यवधान ऐसी बहिर्जात प्रक्रियाएँ हैं जिसे नियन्त्रित नहीं किया जा सकता है। असल में स्वचालन, बिग डेटा और डेटा एक्सचेंज से मूल्यवान और महत्त्वपूर्ण जानकारी और नयी अन्तर्दृष्टि प्राप्त कर विनिर्माण प्रौद्योगिकियों और प्रक्रियाओं को और दक्ष बनाया जा सकता है। हमें चौथी औद्योगिक क्रान्ति को सही आकार और दिशा देने के अवसर और प्रक्रिया को समझने के प्रयास करने की आवश्यकता है। इसके लिए उद्योगों के साथ उद्यमियों, उपभोक्ताओं और निवेशकों के रूप में दैनिक आधार पर लिए जाने वाले निर्णयों से उद्योग 4.0 के अनुप्रयोग को सही दिशा में निर्देशित करने के लिए अपनी भूमिका निभा सकते हैं। इस सन्दर्भ में हमें एक व्यापक और साझा दृष्टिकोण विकसित करना चाहिए कि यह कैसे हमारे आर्थिक, सामाजिक और सांस्कृतिक वातावरण को परिवर्तित कर रही हैं।

सामाजिक प्रभावों के साथ यह प्रौद्योगिकियाँ अन्तर्राष्ट्रीय स्तर पर भी बदलाव ला रही हैं। पारम्परिक नीति निर्धारण की प्रक्रियाओं

को इन उभरती हुई नयी प्रौद्योगिकियों की विशेषताएँ और तकनीकी विकास की गति के साथ तालमेल बिठाना मुश्किल हो सकता है। अत: उद्योग 4.0 का समुचित लाभ उठाने के लिए नीतिबद्ध तरीक़े से कार्य करने की आवश्यकता है। उद्योग 4.0 की उत्पत्ति के बाद ज़र्मनी ने प्रौद्योगिकी क्रान्ति के दौरान वैश्विक स्तर पर अपनी स्थिति मज़बूत करने के लिए, जर्मनी ने उद्योग 4.0 रणनीति बनायी है। जर्मन एकेडमी ऑफ़ इंजीनियरिंग, फ्रौनहोफेर एसोसिएशन, सीमेंस और अन्य अकादमिक और उद्योग, फेडरल शिक्षा और अनुसन्धान मन्त्रालय आदि उद्योग 4.0 में शामिल हैं। इसमें 'शिक्षा और अनुसन्धान' की फॉरवर्ड लुकिंग परियोजनाएँ भी हैं। फॉरवर्ड लुकिंग परियोजनाएँ के उद्देश्यों को पूरा करने के लिए सम्बन्धित मन्त्रालयों और विभागों, अनुसन्धान संस्थान और उद्योग प्रतिनिधियों के साथ परियोजनाओं और विशिष्ट उपायों का डिजाइन तैयार किया गया है। इसके अतिरिक्त एक जर्मन इंडस्ट्री 4.0 का मानक रोडमैप भी तैयार किया है।

रेफेरेंस आर्किटेक्चर मॉडल इंडस्ट्री 4.0 (आरएएमआई 4.0) कार्यान्वयन के लिए इंडस्ट्री 4.0 के सभी महत्त्वपूर्ण पहलुओं का वर्णन करता है जिसमें सभी जटिल अन्त:सम्बन्धों को छोटे-छोटे सरल समूह (क्लस्टर) में परिभाषित किया है। आरएएमआई 4.0 एक त्रि-आयामी मॉडल है जो उद्योग 4.0 के सभी घटकों को एक-दूसरे के साथ तथा उद्योग 4.0 की संरचना के साथ जोड़ देते हैं। आरएएमआई 4.0 उद्योगों की ज़टिल प्रक्रियाओं को आसानी-से समझने वाले पैकेजों में तोड़ देता है, जिसमें डेटा गोपनीयता और आईटी सुरक्षा भी समिलित हैं। इसमें सिस्टम और मशीनों के बीच कार्य प्रणाली के दक्षता के साथ संचालन के लिए सभी प्रतिभागियों को कार्य वितरित किये जाते हैं। भौतिक चीज़ों को उद्योग 4.0 की दुनिया से जोड़ने के लिए आरएएमआई 4.0 एक प्रशासन शेल (खोल) प्रदान करता है जो कार्य प्रणालियों के विभिन्न

घटकों के बीच संयोजन करता है। इसके अलावा, प्रत्येक घटक जैसे मशीन का अपना प्रशासन खोल होता है जो उच्च स्तर के संचार और प्रबन्धन के लिए एक सामान्य प्रशासन खोल के साथ एक इकाई बना सकती है। आरएएमआई 4.0 मॉडल चित्र-5 में दर्शाया गया है जिसमें तीन निम्नलिखित मुख्य स्तर हैं :

- **आर्किटेक्चर स्तर :** इसके अन्तर्गत बिज़नेस, फंक्शनल, सूचना, कम्युनिकेशन, इंटीग्रेशन और एस्सेट जैसी उप-परतें होती हैं।
- **लाइफ साइकिल स्ट्रीम :** इस परत में विकास, उत्पादन और रख-रखाव जैसी उप-परतें शामिल हैं।
- **पदानुक्रम स्तर :** इस परत में उत्पाद, उपकरण, नियन्त्रण, स्टेशन, कार्य केन्द्र और कनेक्टेड उद्यम जैसी उप-परतें शामिल हैं।

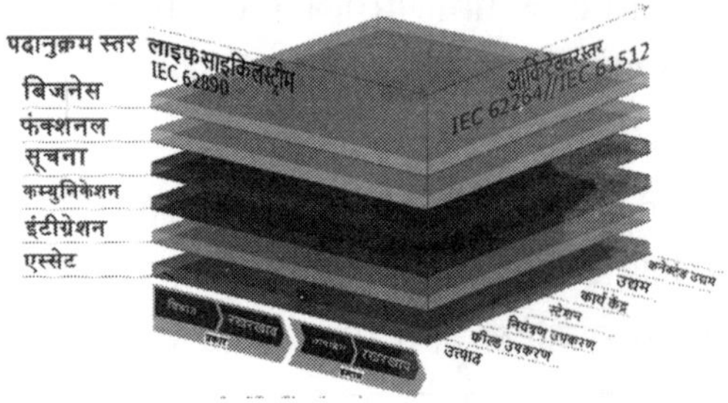

चित्र-5 : रेफेरेंस आर्किटेक्चर मॉडल (सन्दर्भ- Plattform Industrie 4.0 and ZVEI)

यद्यपि आरएएमआई 4.0 परियोजनाओं को उद्योग 4.0 के रूप में विकसित करने के लिए मार्गदर्शन प्रदान करता है और उद्योग 4.0 अनुप्रयोगों के कार्यान्वयन के लिए नियमों की परिभाषा पर केन्द्रित है। लेकिन प्रत्येक निर्माण प्रणाली को उनकी विशिष्ट आवश्यकताओं के अनुसार एक अलग आवश्यकता होती है। अतः उद्योग 4.0 के अनुप्रयोग करने के लिए आरएएमआई 4.0 को अन्य रणनीतियों के साथ एकीकृत करना आवश्यक है।

उद्योग 4.0 की अवधारणाओं का उपयोग करना आज के समय की आवश्यकता है। इसका एक सामान्य उदाहरण चैटबॉट हैं। एक प्रकार के कम्प्यूटर पर आधारित इंटरैक्टिव सिस्टम हैं जिनके साथ उपयोगकर्ता अपनी बात को शब्दों में टाइप करके या आवाज़ के माध्यम से शंकाओं का समाधान कर सकते हैं। इनका उपयोग सूचना प्राप्त करने या कार्य करने के लिए किया जा सकता है। इसके अलावा यह तकनीकी समाधानों तक पहुँचने में अवरोधों को कम करता है। वे ज़्यादातर ग्राहकों की सुविधा के लिए ख़रीद प्रक्रिया के दौरान परामर्शदाता के रूप में या विशेष मानव सलाहकारों से परामर्श प्राप्त करने के लिए फिल्टर के रूप में उपयोग किये जा रहे हैं। यह कम लागत में 24 घंटे सेवा प्रदान कर सकते हैं तथा उपयोगकर्ताओं की आम समस्याओं का निदान करने हेतु भी उपयोग किया जा सकता है।

उद्योग 4.0 का एक और अनुप्रयोग स्मार्ट सिटी है। स्मार्ट सिटी उद्योग 4.0 के लिए एक आदर्श लक्ष्य भी कहा जाता है। एक स्मार्ट शहर के भीतर लगभग सभी महत्त्वपूर्ण कार्यों को स्वचालित रूप से समायोजित किया जाता है तथा संसाधनों का आवंटन गतिशील ज़रूरतों के अनुसार होता है। एक स्मार्ट शहर सरकारी सेवा और नागरिक कल्याण की बेहतर गुणवत्ता प्रदान करने तथा नये व्यापार विकास के लिए आधुनिक सूचना और संचार प्रौद्योगिकी (आईसीटी) का उपयोग करता है। शहरी डिजिटलीकरण न केवल शहरों को उनके धारणीय विकास सम्बन्धित लक्ष्यों को पूरा करने में मदद करता है बल्कि उनकी सार्वजनिक सुरक्षा को भी बढ़ाने के साथ जीवन की गुणवत्ता में सुधार करता है। विनिर्माण के क्षेत्र में जैसा कि पहले भी चर्चा की जा चुकी है, स्मार्ट फ़ैक्ट्री एक नया सशक्त समाधान है। स्मार्ट फ़ैक्ट्री के द्वारा आज के बाज़ार की ज़रूरतों को पूरा करने के लिए एक लचीले और कुशल तरीक़े से विभिन्न औद्योगिक और ग़ैर-औद्योगिक भागीदारों को एकीकृत किया जाता है।

इसमें सहयोगात्मक प्रक्रिया में उत्पादन प्रणाली के भौतिक घटकों के साथ डिजिटल, अमूर्त और आभासी घटकों को एक एकल प्रणाली में जोड़ते हैं जो संचालन को कुशल, लचीला, अनुकूलनीय और इष्टतम बनाने में सहायक होता है। इससे फ़ैक्ट्रियाँ आपूर्ति श्रृंखला में और ग्राहकों की ज़रूरतों में बदलती माँगों को वास्तविक समय में पूरा करने सक्षम हो जाती हैं। स्मार्ट फ़ैक्ट्री आज के बाज़ार की ज़रूरतों को पूरा करने के लिए एक लचीले और कुशल तरीक़े से एक उत्पादन समाधान है जो गतिशील और आभासी संगठनों का निर्माण करती हैं। इस प्रकार का एकीकरण, उत्पादन प्रणाली के भौतिक घटकों और डिजिटल, अमूर्त, आभासी घटकों को एक एकल प्रणाली में जोड़ता है जिसे साइबर-भौतिक उत्पादन प्रणाली कहा जाता है। स्मार्ट फ़ैक्ट्री उद्योग 4.0 सम्बन्धी तकनीकों का उपयोग विनिर्माण प्रक्रियाओं के प्रदर्शन, गुणवत्ता, नियन्त्रणीयता और पारदर्शिता में सुधार के लिए करती है। स्मार्ट फ़ैक्ट्री में उत्पादन प्रणाली सन्दर्भ-जागरूक होती हैं जो ऑपरेटर और मशीनों को उनके कार्यों को सफलतापूर्वक निष्पादित करने में मदद करती है। दूसरी ओर स्मार्ट फ़ैक्ट्री को उसके घटकों (विभिन्न औद्योगिक और गैर-औद्योगिक भागीदारों) के बीच आपसी सहयोग और संयोजन के परिप्रेक्ष्य में देखा जा सकता है। स्मार्ट फ़ैक्ट्री में दक्षता या स्मार्टनेस, साइबर-भौतिक उत्पादन सिस्टम द्वारा निर्मित गतिशील संगठन से आती है। आर्टिफिशियल इंटेलिजेंस साइबर भौतिक प्रणालियों को अपने घटकों के प्रदर्शन और डेटा से सीखने की क्षमता विकसित करने में मदद करेगा। आर्टिफिशियल इंटेलिजेंस के अनुप्रयोगों का परिदृश्य बहुत तेज़ी से बदल रहा है। भविष्य में, साइबर भौतिक प्रणालियों (सीपीएस) के अन्तर्गत आर्टिफिशियल इंटेलिजेंस (एआई) का उपयोग अन्य क्षेत्रों जैसे स्वास्थ्य और बायोमेडिकल मॉनिटरिंग, प्राकृतिक आपदाओं में भी किया जायेगा।

उद्योग 4.0 के व्यावहारिक लाभ

उद्योग 4.0 आज के समय की औद्योगिक इकाइयों की ज़रूरतों से सम्बन्धित है तथा उनकी कार्यप्रणालियों को कुशल बनाकर कम्पनियों को अधिक प्रतिस्पर्धी और कुशल बनाने में मदद करेंगे। उद्योग 4.0 की परिकल्पना डिजिटलाइजेशन और ऑटोमेशन द्वारा लाये गये कम्पनी के हर हिस्से के साथ-साथ निर्माण प्रक्रिया में भी समग्र परिवर्तन के रूप में की जा रही है। सफल अन्तर्राष्ट्रीय कम्पनियाँ जो निरन्तर सुधार की अवधारणाओं का सदुपयोग तथा अनुसन्धान और विकास के लिए प्रयासरत रहती हैं, वे उद्योग 4.0 की अवधारणा का लाभ उठाकर स्वयं को और भी अधिक प्रतिस्पर्धी बनायेंगी।

- उद्योग 4.0 के अपनाने से कम्पनियाँ स्वयं को अधिक प्रतिस्पर्धी बना सकती हैं। तकनीकी व्यवधानों के सन्दर्भ में रसद और आपूर्ति शृंखला के प्रबन्धन में आवश्यक बदलाव लाकर लक्ष्यों को हासिल करने में सहायता प्रदान करती हैं। प्रौद्योगिकी और समाधानों में निवेश कर स्वयं-संचालन को बेहतर बनाने और अनुकूलित करने में मदद करती हैं। प्रतिस्पर्धी बने रहने के लिए, आपको अपने ग्राहकों और ग्राहकों की बदलती ज़रूरतों के अनुसार त्वरित रूप से उत्पाद और सेवाएँ प्रदान करती हैं इससे प्रक्रियाओं में उत्पादकता, दक्षता और गुणवत्ता में वृद्धि होगी।
- आधुनिक, नवोन्मेषी उद्योग 4.0 प्रौद्योगिकियों में निवेश करने वाली कम्पनियाँ युवा कार्यबल को आकर्षित करने और बनाये रखने के लिए बेहतर स्थिति में हैं।

- उद्योग 4.0 समाधानों में निवेश करने वाली कम्पनियाँ दक्षता बढ़ा सकती हैं, विभिन्न विभागों और प्रतिभागियों के बीच सहयोग बढ़ा सकती हैं।
- प्रडिक्टिव और निर्देशात्मक विश्लेषण करने की क्षमताओं को विकसित कर सकती हैं, इसके साथ बेहतर निर्णय लेने के लिए रीयल-टाइम डेटा और इंटेलिजेंस का पूरी तरह से लाभ उठाने की अनुमति दे सकती हैं।
- यह लागत को कम करने, लाभ बढ़ाने, ऊर्जा दक्षता में सहायक है। रीयल-टाइम डेटा के विश्लेषण से बेहतर निर्णय लेने के लिए आवश्यक अन्तर्दृष्टि प्रदान करता है, जो अन्ततः सम्पूर्ण उत्पादन प्रणाली की दक्षता और लाभप्रदता को बढ़ाता है। इसके अतिरिक्त यह सम्भावित मुद्दों को समस्या बनने से पहले हल करने की क्षमता प्रदान करता है।
- उद्योग 4.0 और कृत्रिम बौद्धिकता के विस्तार से स्वास्थ्य क्षेत्र में सुधार लाने में मदद कर सकती है। इससे स्वास्थ्य सेवाओं पर होने वाला ख़र्च कम होगा। यह कृषि क्षेत्र के लिये भी सहायक होगी जिससे किसानों को मदद मिलेगी।

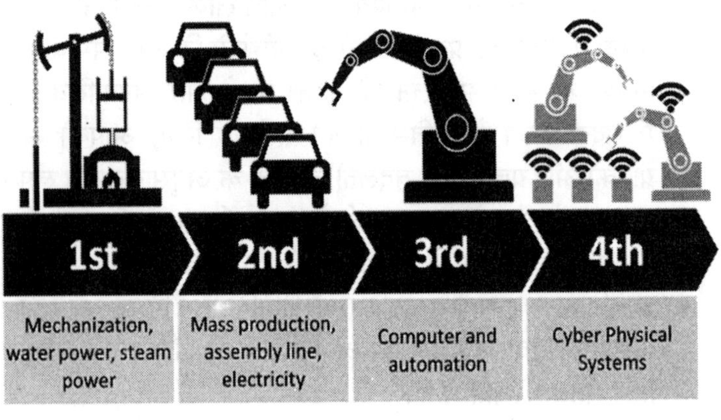

वर्तमान परिदृश्य, सुझाव एवं निष्कर्ष

उद्योग 4.0 एक ऐसा सामान्य मॉडल है जिसको देश की परिस्थितियों और ज़रूरतों के हिसाब से औद्योगिक उत्पादन का नवीनतम विकास और समय के साथ परिवर्तनों और उद्योगों के अनुसार ढालने में अनुसरण किया जा सकता है। उद्योगों में नयी प्रौद्योगिकियों और अनुप्रयोगों में तेज़ी से प्रगति उत्पादकता बढ़ाने में मदद करती हैं। साथ-साथ यह बाज़ार की माँग और उपभोक्ताओं की बदलती हुई ज़रूरतों को पूरा करने में समर्थ बनाती हैं। उद्योग 4.0 की अवधारणाएँ औद्योगिक वातावरण और सरकार की अर्थव्यवस्था में सुधार लाने के साथ-साथ विभिन्न विकास योजनाओं के कार्यान्वयन में भी सकारात्मक प्रभाव लाकर बहुत महत्त्वपूर्ण योगदान दे सकती हैं। इस तकनीकी क्रान्ति का लाभ उठाने के लिए विभिन्न देशों ने अपने अनुरूप नीतियाँ बनायी हैं। इटली ने हाल में ही उद्योग 4.0 के सन्दर्भ में राष्ट्रीय योजना 'इंप्रेसा 4.0' बनाई है जिसे पहली बार सितम्बर 2016 में मिलान में प्रस्तुत किया गया था। उसके बाद इसे आधिकारिक तौर पर 2017 में लॉन्च किया गया था। यह योजना टॉप-डाउन दृष्टिकोण से बनाई है जिसमें अकादमिक, व्यावसायिक संघ और ट्रेड यूनियन को संचालन समिति [6] में सम्मिलित किया गया है। उदाहरण के लिए उद्योग 4.0 से लाभ उठाने के लिए 'मेड-इन-चाइना 2025' नीति बनाई है। इस नीति का मुख्य उद्देश्य आत्मनिर्भरता को विकसित करना है ताकि देश के उद्योग अन्य देशों की प्रौद्योगिकियों और अनुसन्धान पर बिना निर्भर

करे कार्य कर सकें। अन्ततः वर्ष 2045 तक चीन को अग्रणी विनिर्माण शक्ति में बदलना है।

अन्य विकसित देशों ने भी कई महत्त्वपूर्ण क़दम उठाये हैं जैसे 2012 की शुरुआत में फ्रांस ने उद्योगों के डिजिटलीकरण के ऊपर ध्यान केन्द्रित किया है। तत्पश्चात् सितम्बर 2013 में, मौलिक अनुसन्धान, नवाचार पर नवीन परियोजनाओं को प्रोत्साहित करने के लिए 'La Nouvelle France Industrielle' (न्यू इंडस्ट्रियल फ्रांस) और रणनीतिक कार्यक्रम 'Investissementd'Avenir' (भविष्य के लिए निवेश) और प्रौद्योगिकी हस्तान्तरण और परिपक्वता की शुरुआत की गयी [5]। स्पेन ने अपनी रणनीति को 'इंडस्ट्रिया कोनेक्टाडा 4.0' का नाम दिया। इसे वर्ष 2014 में घोषित किया गया जिसका मुख्य उद्देश्य डिजिटलीकरण और स्पेनिश औद्योगिक क्षेत्र की प्रतिस्पर्धात्मकता में वृद्धि करना है। इस रणनीति के अन्य महत्त्वपूर्ण लक्ष्य स्पेनिश उद्योग के विकास के लिए एक उपयुक्त मॉडल तथा स्पैनिश औद्योगिक इकाइयों को उद्योग 4.0 में भाग लेने के लिए प्रेरित करने के तरीक़े को विकसित करना था।

बेल्जियम ने 'मेड डिफरेंट' नामक नीति को अपनाया है। इस नीति को बेल्जियम 2012 में लॉन्च किया गया। 'मेड डिफरेंट' के अन्तर्गत उद्योग के नेतृत्व में विशेषज्ञों द्वारा विनिर्माण कम्पनियों को उनकी व्यावहारिक स्थितियों को ध्यान में रखते हुए एंड-टू-एंड इंजीनियरिंग; डिजिटल कारख़ाना; मानव-केन्द्रित उत्पादन; उत्पादन नेटवर्क; पर्यावरण-उत्पादन; और स्मार्ट उत्पादन प्रणाली के विकास के लिए सलाहकार सेवाएँ प्रदान की जाती हैं। डेनमार्क में उद्योग 4.0 की सिद्धान्तों के प्रयोग से उद्योगों के विकास के लिए एक प्रतिष्ठित 'मेड' (मैन्युफैक्चरिंग एकेडमी ऑफ़ डेनमार्क) नीति की शुरुआत 2013 में की गयी थी। यह एक बॉटम-अप पहल है जिसमें डेनिश निर्माण कम्पनियों, पाँच विश्वविद्यालयों, तीन अनुसन्धान और प्रौद्योगिकी संगठनों को शामिल किया गया है।

ऑस्ट्रेलिया ने अगस्त 2017 [1] में अपने उद्योग 4.0 के सन्दर्भ में टेस्टलैब्स बनाने का निर्णय लिया है। टेस्टलैब्स उद्योग 4.0 टास्कफोर्स के अन्तर्गत एक रणनीतिक पहल है। इसका उद्देश्य अपने विनिर्माण उद्योगों की प्रतिस्पर्धात्मकता में सुधार करना और अपने कार्यबल की क्षमताओं को विकसित करना है। यूएसए ने 2011 में उद्योगों, शिक्षाविदों और संघीय सरकार को एक साथ लाने के उद्देश्य से एडवांस्ड मैन्युफैक्चरिंग पार्टनरशिप शुरू की तथा दिसम्बर 2014 में आरएएमआई (रिवाइटलाइज़ अमेरिकन मैन्युफैक्चरिंग एंड इनोवेशन एक्ट) पारित किया। इसके तहत नेटवर्क फॉर मेन्युफैक्चरिंग इनोवेशन प्रोग्राम को स्थापित करने का निर्देश दिया गया। इस कार्यक्रम का उद्देश्य सरकारी और निजी निवेश के समन्वय द्वारा अमेरिकी विनिर्माण की प्रतिस्पर्धात्मकता और उत्पादकता में सुधार के लिए विभिन्न प्रौद्योगिकी क्षेत्रों के लिए विनिर्माण नवाचार संस्थानों का नेटवर्क को विकसित करना है।

भारत सरकार ने भी केन्द्रीय बजट 2018-19 में आर्टिफिशियल इंटेलिजेंस इनिशिएटिव के सम्बन्ध में घोषणा की है कि नीति आयोग नये एआई अनुप्रयोगों को विकसित करने के लिए एक रोड मैप तैयार करेगा। केन्द्रीय बजट 2018-19 के अनुसार, विज्ञान और प्रौद्योगिकी विभाग रोबोटिक्स, एआई, डिजिटल निर्माण आदि में प्रशिक्षण के लिए सेंटर ऑफ़ एक्सीलेंस की स्थापना को सपोर्ट करने के लिए सीपीएस मिशन शुरू करेगा। सरकार ने हाल ही में साइबर-भौतिक पर एक मिशन शुरू करने की घोषणा की जिसके लिए 100 करोड़ का प्रारम्भिक कोष भी आवंटित किया है।

इस तकनीकी क्रान्ति से समुचित लाभ उठाने के लिए उपयुक्त नीतियों, योजनाओं एवं बहु विषयक दृष्टिकोण की आवश्यकता है [2, 3, 4, 5, 8, 9, 13, 14, 15 & 21] इसमें अन्तर्राष्ट्रीय समन्वय और सरकारी समर्थन भी काफ़ी सहायक होगा। उद्योग 4.0 की अवधारणाओं

को व्यावहारिक रूप से लागू करने के लिए नीतिगत बदलाव, समय और संसाधनों की आवश्यकता होगी। इन प्रयासों को सफल रूप देने के लिए चरणबद्ध योजना को उपयुक्त माना जा रहा है। डेटा उत्पादकों और डेटा उपयोगकर्ताओं के प्रयासों को एक रेगुलेटेड तरीक़े से संयोजित करने की भी आवश्यकता है जिसमें स्थापित मानकों द्वारा डेटा के उत्पादकों और उपयोगकर्ताओं के बीच अधिकारों, ज़िम्मेदारियों और लेनदेन नियमों को स्पष्ट रूप से निर्धारित किया जा सकता है।

वर्तमान समय में प्रौद्योगिकी-सक्षम प्लेटफ़ॉर्मों के विकसित हो जाने कारण भी मौजूदा उद्योग सरंचनाओं में परिवर्तन आये हैं। प्रौद्योगिकी ने नये उत्पादों और सेवाओं को सम्भव बनाया है तथा उद्यमी डिजिटल दुनिया का लाभ उठाकर सेवाओं को उपभोक्ता तक पहुँचाने में सक्षम हो रहे हैं। जैसे स्मार्टफ़ोन द्वारा इन प्रौद्योगिकी प्लेटफ़ॉर्म का उपयोग हमारे व्यक्तिगत जीवन में दैनिक ज़रूरतों के बहुत से कार्य—कैब ऑर्डर करना, फ़्लाइट बुक करना, उत्पाद ख़रीदना, भुगतान करना आसानी से किया जा रहा है। इस प्रक्रिया में, सम्पत्तियों और डेटा के संयोजन में नवाचार से उत्पादों और सेवाओं के उपभोग के नये तरीक़े विकसित किये जा सकते हैं। इसके अलावा, वे व्यवसायों और व्यक्तियों के लिए संसाधनों को जुटाना आसान बनाते हैं। भविष्य में बहुत जल्दी तकनीकी नवाचारों के चलते सामाजिक जीवन के अलावा उद्योग जगत में भी काफ़ी आमूलचूल परिवर्तन आयेंगे। वैश्विक स्तर पर प्रतिस्पर्धी बने रहने के लिए हमें बदलती हुई प्रौद्योगिकियों और उत्पादन विधियों के साथ सामंजस्य बैठाने की आवश्यकता है। ऐसा कहा जा रहा है आज हमें एक ऐसे कुशल कार्यबल की आवश्यकता है जो विशेष रूप से सूचना प्रौद्योगिकी और डेटा विज्ञान की समझ रखने के साथ विज्ञान, सामाजिक विज्ञान और मानविकी में बहु-विषयक क्षमताओं से परिपूर्ण हो। जिसके लिए छात्रों में बहु-विषयक समझ को विकसित करना होगा।

बढ़ती पारदर्शिता, त्वरित उपभोक्ता जुड़ाव, और उपभोक्ता व्यवहार के नये पैटर्न (मोबाइल नेटवर्क और डेटा तक पहुँच पर तेज़ी से निर्मित) उद्यमियों को उनके डिजाइन, उत्पादों और सेवाओं को वितरित करने के तरीक़े को अनुकूलित करने के लिए मजबूर करते हैं। इस प्रक्रिया में उद्योग 4.0 काफ़ी मददगार हो सकता है। परिणामस्वरुप व्यापार की लागत में कमी आयेगी और नये बाज़ार खुलेंगे जो आर्थिक विकास को गति प्रदान करेंगे।

वैश्विक स्तर पर उद्योग 4.0 बाज़ार के 2023 तक 13,90,647 करोड़ रुपये तक पहुँचने की उम्मीद है। भारत का विनिर्माण क्षेत्र काफ़ी बड़ा और महत्त्वपूर्ण है। इसी के चलते विनिर्माण क्षेत्र को देश की दीर्घकालिक दृष्टि का एक अभिन्न अंग माना गया है और 'मेक इन इंडिया' अभियान पर बल दिया गया है। 'मेक इन इंडिया' जैसे कार्यक्रमों और 'उन्नत विनिर्माण के लिए राष्ट्रीय नीति' जैसी नीतियों के माध्यम से उद्योग 4.0 देश के सकल घरेलू उत्पाद में विनिर्माण क्षेत्र की हिस्सेदारी को बढ़ाने में महत्त्वपूर्ण भूमिका निभा सकता है। इस दिशा में समर्थ उद्योग भारत 4.0 (स्मार्ट एडवांस्ड मैन्युफैक्चरिंग एंड रैपिड ट्रांसफॉर्मेशन हब) तथा डिजिटल इंडिया जैसी पहल तथा बुनियादी ढाँचा विकास की परियोजनाओं से उद्योग 4.0 को अपनाने में मदद मिलेगी। समर्थ उद्योग भारत 4.0 का उद्देश्य विनिर्माण में उद्योग 4.0 कार्यान्वयन को आगे बढ़ाने के लिए विनिर्माण इकाइयों के पास आवश्यक तकनीकी समाधानों को 2025 तक पहुँचाना है। उद्योग 4.0 पर ध्यान केन्द्रित करने के लिए C4i4 लैब इंडिया जो अपनी तरह का एक नवाचार केन्द्र है, की भी स्थापना की गयी है। उद्योग 4.0 से सम्बन्धित प्रौद्योगिकियों के क्षेत्र में उद्योग, शिक्षा और अन्तर्राष्ट्रीय सहयोग के लिए भी नीतियाँ बनाई गयी है। भारत की राष्ट्रीय विनिर्माण नीति (एनएमपी) के अन्तर्गत सकल घरेलू उत्पाद में विनिर्माण की हिस्सेदारी को 25% तक बढ़ाने का लक्ष्य

भी तय किया गया है। वर्ल्ड इकोनॉमिक फोरम द्वारा चौथी औद्योगिक क्रान्ति के लिए उत्कृष्टता केन्द्र मुम्बई में स्थापित किया गया है यह आर्टिफिशियल इंटेलिजेंस और मशीन लर्निंग, ब्लॉकचैन और वितरित लेजर प्रौद्योगिकियों, इंटरनेट ऑफ़ थिंग्स और रोबोटिक्स के साथ-साथ स्मार्ट शहरों जैसे अनुप्रयोगों को प्रोत्साहित करेगा।

भारतीय विनिर्माण क्षेत्र में उद्योग 4.0 के व्यावहारिक उपयोग के लिए विभिन्न भौतिक प्रणालियों का साइबर प्लेटफ़ॉर्म पर एकीकरण काफ़ी मददगार हो सकता है [3]। भारतीय ऑटोमोबाइल उद्योग, उद्योग 4.0 के प्रमुख तत्वों जैसे रोबोटिक्स को बहुत हद तक अपना चुका है अत: यह सेक्टर उद्योग 4.0 की तकनीकों का आसानी से लाभ उठा सकता है। इस सन्दर्भ में यह कहना आवश्यक है कि छोटे और मध्यम आकार के उद्यमों की व्यावसायिक स्थिति काफ़ी अलग होती है अत: उनके लिए उद्योग 4.0 को व्यवहार में लाना अधिक चुनौतीपूर्ण होता है। सूक्ष्म, लघु और मध्यम उद्यम (एमएसएमई) खंड की प्रौद्योगिकी तक पहुँच बढ़ाने, उन्हें तकनीकी जानकारी उपलब्ध कराने और रिस्क प्रबन्धन में सहायता की आवश्यकता है। इसलिए जहाँ छोटे और मध्यम आकार के उद्यमों की संख्या बहुत अधिक है, वहाँ विकेंद्रीकरण की अवधारणा के साथ उद्योग 4.0 को लागू करने के लिए उपयुक्त क़दम उठाये जा सकते हैं।

उद्योग 4.0 के सिद्धान्तों और अवधारणाओं का समुचित लाभ उठाने के लिए मानव-साइबर-भौतिक सिस्टम की जटिल प्रणालियों, गोपनीयता और सुरक्षा, कार्य संगठन और डिजाइन के साथ प्रशिक्षण और व्यावसायिक विकास के प्रबन्धन को प्राथमिकता देनी होगी। इसीलिए यह भी आवश्यक हो जाता है कि आगामी स्मार्ट उद्यमों में मनुष्यों की भूमिका को स्पष्ट रूप से परिभाषित किया जाये। हालाँकि अभी तक इस पहलू को उद्योग 4.0 के समर्थकों और शोधार्थियों ने सम्बोधित

नहीं किया है। रोमेरो (2016), रूपर्ट (2018) और फैंटिनी (2020), के अनुसार इस्तेमाल की गयी तकनीकों के आधार पर ऑपरेटर को विभिन्न भूमिकाओं में व्याख्यायित किया जा सकता है। इन भूमिकाओं को चित्र-6 में दर्शाया गया है। वहीं रोमेरो (2016) द्वारा उपयोग की जाने वाली संवर्धित वास्तविकता और तकनीकों के मद्देनज़र एक ऑपरेटर को 'संवर्धित या ऑगमेंटेड ऑपरेटर' के रूप में देखते हैं जो सम्भवतः अधिक परिपक्व निर्णय लेने में सक्षम है।

कोलेबोरेटिव ऑपरेटर रोबोट के साथ सहयोग करता है तथा 'उबाऊ' और दोहराये जाने वाले कार्य नहीं करता। वरन इसके विपरीत, सहयोगी कार्यकर्ता ऐसे कार्य करता है जिनमें बुद्धि और विवेक की आवश्यकता होती है। ऑगमेंटेड (संवर्धित) ऑपरेटर, वास्तव में, एक ऑपरेटर है जो अपनी दैनिक कार्य गतिविधियों के लिए प्रौद्योगिकी का उपयोग करता है। स्वस्थ और शक्तिशाली ऑपरेटर सुरक्षा और बायो-सिग्नल ट्रैकर उपकरणों का उपयोग करता है।

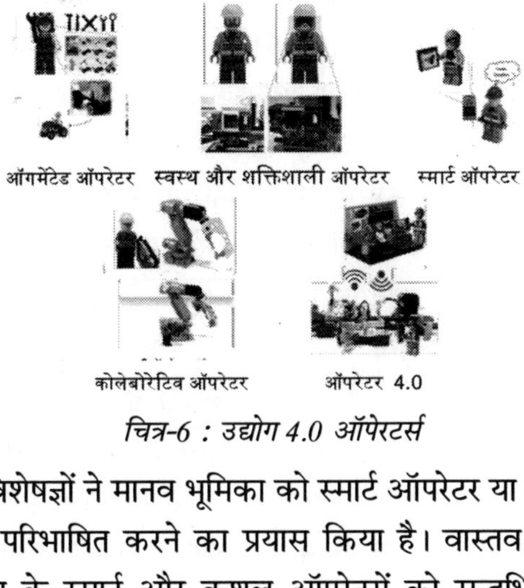

चित्र-6 : उद्योग 4.0 ऑपेरटर्स

कुछ विशेषज्ञों ने मानव भूमिका को स्मार्ट ऑपरेटर या ऑपरेटर 4.0 के रूप में परिभाषित करने का प्रयास किया है। वास्तव में, ऑपरेटर 4.0 भविष्य के स्मार्ट और कुशल ऑपरेटरों को सन्दर्भित करता है।

कार्य प्रणाली और संगठनात्मक आवश्यकता के आधार पर उनकी भूमिका रख-रखाव से निगरानी भूमिका या डिजाइनर भूमिका या रोबोट इंटीग्रेटर भूमिका में बदल सकती है। ऑपरेटर 4.0 के विज़न का उद्देश्य मानव और मशीनों के बीच विश्वास और अन्त:क्रिया पर आधारित एक उपयोगी सम्बन्ध विकसित करना है। जिससे स्मार्ट फ़ैक्ट्रियों में उद्योग 4.0 प्रौद्योगिकियों द्वारा स्मार्ट ऑपरेटर की क्षमताओं का यथासम्भव विकास हो सके। यह कहा जा सकता है कि तकनीकी परिवर्तनों के बावजूद श्रमिक उत्पादन प्रक्रिया के मुख्य अंग होंगे, हालाँकि उन्हें श्रमसाध्य कार्यों के बजाय नॉलेज (ज्ञान) आधारित कार्यों पर ध्यान केन्द्रित करने की आवश्यकता होगी। जिसमें उपर्युक्त प्रशिक्षण कार्यक्रम तैयार करने होंगे। उन्नत डिजिटल और औद्योगिक सक्षमता से वरिष्ठ, विकलांग और प्रशिक्षु ऑपरेटरों को उपयुक्त तकनीकी कौशल विकसित कर अपने नये कौशल से स्मार्ट मशीनों की ताक़त और क्षमताओं का भरपूर लाभ उठाने में सक्षम बनाना होगा। हालाँकि, उच्च किस्म के तकनीकी कौशल और शैक्षिक स्तर और विभिन्न संस्कृति से आये नये ऑपरेटर्स का एकीकरण उद्योग 4.0 के कार्यान्वयन के लिए एक बड़ी चुनौती होगी। परिणामस्वरूप भविष्य के उद्यमों, और स्मार्ट कारख़ानों को सामाजिक-तकनीकी प्रणालियों के रूप में समझने की भी आवश्यकता होगी। उद्योग 4.0 ढाँचे के भीतर एक सामाजिक रूप से सस्टेनेबल फ़ैक्ट्री बनाने के लक्ष्य से कार्य करना मददगार होगा जहाँ प्रणालियों के उन्नत डिजाइन और इंजीनियरिंग सहयोगी रोबोटिक्स, किनेमेटिक्स, मानव-इन-द-लूप जैसी नियन्त्रण प्रणाली से ऑपरेटरों की क्षमता बढ़ाई जा सकेगी।

आज वैश्वीकरण के युग में, अधिकतर औद्योगिक संगठन निरन्तर नवाचार करने, अपनी प्रतिस्पर्धात्मकता सुधार कर प्रतिस्पर्धियों से बेहतर प्रदर्शन करने के दबाव में हैं। उद्योग 4.0 की प्रौद्योगिकियों का सहारा लेकर स्वचालन बढ़ाने, प्रणालियों में त्रुटियों को समाप्त करने,

व्यवसाय संचालन की लागत घटाने में, उनकी प्रक्रियाओं को इंटेलीजेंट बना सकते हैं। उद्योग 4.0 के लाभों से उत्प्रेरित होकर, इसकी प्रौद्योगिकियों को शिक्षा, वित्तीय क्षेत्र में भी उपयोग किया जा रहा है परिणामस्वरूप शिक्षा 4.0 , हेल्थकेयर 4.0 या फाइनेंस 4.0 की अवधारणाएँ विकसित हो रही हैं। उद्योग 4.0 के सिद्धान्तों को उद्यमों में लागू करने के लिए कोई रेडीमेड समाधान उपलब्ध नहीं हैं। इस सन्दर्भ में मानक तरीक़ों को विकसित कर उन्हें व्यापक और तरीक़े से वर्णित करने की आवश्यकता है। वर्तमान में विशेष रूप से किसी भी बड़े उद्यम के लिए इसे लागू करना चुनौतीपूर्ण है। हालाँकि ऐसी व्यावसायिक संस्थाओं के लिए उद्योग 4.0 को विभिन्न स्तरों पर कई चरणों में लागू करना लाभकारी होगा। जिसके लिए उद्यम अपने कार्यप्रणाली के उपयुक्त हिस्सों या गतिविधियों का चयन कर उनमें पायलट परियोजनाओं के माध्यम से आगे बढ़ सकते हैं।

सन्दर्भ सूची

1. Australian Government (2017) Industry 4.0 Testlabs in Australia. Technical report, Department of Industry, Science, Energy and Resources.
2. Bahrin M.A.K., Othman M F., Nor N H., Azli M F T., Industry 4.0: A Review on Industrial Automation and Robotic, Jurnal Teknologi (Sciences & Engineering), eISSN 2180–3722 (2016) 137–143.
3. Bhat T. 2020 India and Industry 4.0: A Paper Prepared as part of the Research Programme Industrial, Trade and Investment Policies: Pathways to Industrialization. Available@ https://isid.org.in/wp-content/uploads/2020/07/WP218.pdf
4. Cabinet-Office of Japan (2018) Society 5.0. Technical report, The Government of Japan. https://www8.cao.go.jp/cstp/english/society5_0/index.html. Accessed Feb 2020
5. Digital-Transformation-Monitor (2017) France: Industrie du Futur. Technical report, European Commission. https://ec. europa.eu/growth/tools-databases/dem/monitor/sites/default/files/DTM_Industrie%20du%20Futur%20v1.pdf.
6. Digital-Transformation-Monitor (2017) Italy: “Industria 4.0”. Technical report, European Commission. https://ec.europa.eu/growth/tools-databases/dem/monitor/sites/default/files/DTM_Industria4.0_IT%20v2wm.pdf.

7. Digital-Transformation-Monitor (2017) Spain: Industria Conecada 4.0. Technical report, European Commission. https://ec. europa.eu/growth/tools-databases/dem/monitor/sites/default/ files/DTM_ Industria%20Connectada%20v1.pdf.
8. Hozdić E., Smart Factory for Industry 4.0: A Review, International Journal of Modern Manufacturing Technologies, ISSN 2067–3604, (Vol. VII, No. 1 / 2015) 28-35
9. KPMG Report 2018 Industry 4.0: India Inc. Gearing up for Change. Available @ https://resources.aima. in/presentations/AIMA-KPMG-industry-4-0-report. pdf
10. Landherr M., Schneider U., Bauernhansl T., The Application Centre Industrie 4.0 - Industry-driven manufacturing, research and development, 49th CIRP Conference on Manufacturing Systems (CIRP-CMS 2016), Procedia CIRP 57 (2016) 26 – 31.
11. National Institute of Standards and Technology (2020) Request for information regarding Manufacturing USA institutes and processes. Technical report, Federal Register.
12. Prime-Minister's-Office of Singapore (2016) Research, innovation and enterprise 2020 plan: winning the future through science and technology. Technical report, National Research Foundation of Singapore Government.
13. Proctor M,Wilkins J (2019) 4.0 Sight—digital industry around the world. Technical report, EU Automation. http://www.4sightbook. com/. Accessed Feb 2020

14. Rüßmann M., Lorenz M., Gerbert P., Waldner M., Industry 4.0: The Future of Productivity and Growth in Manufacturing Industries, (April 09, 2015) 1-14.
15. Schumacher A., Erol S., Sihna W., A maturity model for assessing Industry 4.0 readiness and maturity of manufacturing enterprises, Changeable, Agile, Reconfigurable & Virtual Production, Procedia CIRP 52 (2016) 161-166.
16. The global Industry 4.0 market will reach $214B by 2023, Businessinsider, 7 March 2018; converted at USD1=INR 64.9835
17. The-White-House (2011) President Obama launches Advanced Manufacturing Partnership. Technical report, Office of the Press Secretary.
18. Valdeza A.C., Braunera P., Schaara A .K., Reducing Complexity with Simplicity - Usability Methods for Industry 4.0, Proceedings 19th Triennial Congress of the IEA, Melbourne 9-14 August 2015.
19. What is IVI? (2017) Tokyo: Industrial Value Chain Initiative. Technical report, IndustrialValue Chain Initiative. https://iv-i.org/wp/en/. Accessed Feb 2020
20. Witkowski K., Internet of Things, Big Data, Industry 4.0- Innovative Solutions in Logistics and Supply Chains Management, 7th International Conference on Engineering, Project, and Production Management, Procedia Engineering 182(2017) 763-769.
21. Yang, Fengwei, and Sai Gu. "Industry 4.0, a revolution that requires technology and national strategies." Complex & Intelligent Systems, vol. 7, no. 3, June 2021.

□□

नोट्स

नोट्स